谋臣系列

孙　膑

足智多谋的军事奇才

查献芹　著

辽宁人民出版社

© 查献芹　2023

图书在版编目（CIP）数据

孙膑：足智多谋的军事奇才 / 查献芹著 . — 沈阳：
辽宁人民出版社，2023.1
（中国历代谋臣系列）
ISBN 978-7-205-10545-7

Ⅰ . ①孙… Ⅱ . ①查… Ⅲ . ①孙膑—传记 Ⅳ .
① K825.2

中国版本图书馆 CIP 数据核字（2022）第 152937 号

出版发行：辽宁人民出版社
　　　　　地址：沈阳市和平区十一纬路 25 号　邮编：110003
　　　　　电话：024-23284191（发行部）　 024-23284304（办公室）
　　　　　http : //www.lnpph.com.cn
印　　刷：北京长宁印刷有限公司天津分公司
幅面尺寸：145mm×210mm
印　　张：7.25
字　　数：125 千字
出版时间：2023 年 1 月第 1 版
印刷时间：2023 年 1 月第 1 次印刷
责任编辑：赵维宁
封面设计：乐　翁
版式设计：一诺设计
责任校对：吴艳杰
书　　号：ISBN 978-7-205-10545-7
定　　价：39.80 元

序　言

中国的古代文化如浩瀚星空般璀璨，古代军事是一道闪耀且特殊的光芒，它守护并促进着其他文化发展。

在灿若群星的古代军事家里，孙膑无疑是一位传奇人物，他所撰写的《孙膑兵法》继承了前辈军事家的经验理论，又对这些经验进行了升华创造，在浩如烟海的文化古籍之中占有重要地位。

众人不知道这位天下闻名的传奇人物真正姓名是什么，历史上也没有记载，在古代小说《周游列国》中，他曾经叫孙宾。

而后人从山东孙氏族谱上查看，他的本名是孙伯灵，后来因受膑刑就有了孙膑这个名字，没想到孙膑这个闻名遐迩的名字居然只是个绰号。

其实这在古代中也并不是特例，一些人物的名字就是这样命名的，比如说秦末汉初的名将英布，因为受过黥刑，所以有人称他为黥布。

还有后文出现的淳于髡,也是因为受过髡刑才有了这样的名字。

关于孙膑的少年时期历史上没有多少笔墨,他的父母是谁无从考证,众人只知道他是战国时期的齐国人。

只有司马迁撰写的《史记·孙子吴起列传》中有那么几句话:"孙武既死,后百余岁有孙膑。膑生阿、鄄之间,膑亦孙武之后世子孙也……"隐约透露了一些孙膑的身世。

那么,孙武又是何方神圣?

孙武出生于约公元前545年,约公元前470年去世,字长卿,是春秋晚期的著名军事家,被称为兵圣。他的军事著作《孙子兵法》,是现存最早的兵书,系统地论述了当时各国战争的战略战术,包括战争前的谋划、战争时的准备、战争过程的具体策略等,为后世兵法家所推崇,被誉为"兵学圣典"。

关于孙武的故事,有一个比较有名,也是在《史记·孙子吴起列传》里有记载。

当初孙武已经著成兵法十三篇,又有伍子胥的推荐,因此受到吴王(?—公元前496年)的接见,吴王给孙武出了个难题,想知道孙武的理论是否可以用来小规模指挥军队,又是否可以用女子来试验。

孙武同意试验后，吴王交出宫中的美女百八十人。

孙武将她们分为两队，让吴王宠爱的两个侍妾为各队队长，然后开始训练她们。

起初，这些女子并不听从命令，就算是重复交代，她们也只是哈哈大笑。

孙武说："如果士兵不清楚纪律不熟悉号令，这是将领的失误。现在已经讲述清楚，士兵仍然不遵守号令行事，这就是军官和士兵的过错。"

于是就要杀了两个侍妾队长，吴王这个时候不乐意了："我已经知道你善于用兵了，你不要杀了她们两人，没有她们我睡不好吃不好。"

孙武则说："我已经接受命令为将，将在军，君命有所不受。"于是将两人杀了。

这样一来，这些女子都服从命令了……

之后，吴王任命他为将军，后吴国向西打败了强大的楚国，向北威震齐国和晋国，这些，都有孙武的贡献。

从《史记》中看，孙膑是大名鼎鼎的兵圣孙武的后代。

然而有众多学者指出，《孙子兵法》中充满了战国时代的特征。

诸如春秋时代是文武不分、将相不分的，但是《孙子兵法》

中却有战国时的称呼"将军",《孙子兵法·军争篇》云:"三军可夺气,将军可夺心。"

又比如《孙子兵法》中有关于"弩"的记录,《孙子兵法·兵势篇》云:"故善战者,其势险,其节短。势如扩弩,节如发机。"但是"弩"是战国时代才发明的。

再有,《孙膑兵法》中尊称孙膑为孙子,其他书籍中也将两人都称为"孙子"。

比如《韩非子·难言》中的"孙子膑脚于魏",这里的孙子就是孙膑;刚才说到的《史记·孙子吴起列传》中的"北威齐晋,显名诸侯,孙子与有力焉"是孙武;后面又说"孙子筹策庞涓明矣",这是孙膑;《汉书·艺文志》则称孙武为吴孙子,孙膑为齐孙子,但是两人都称孙子。

而《孙子兵法》和《孙膑兵法》两本书也都曾以《孙子》或者《兵法》为名。

因此后世很长一段的时间里,一部分人认为孙膑就是孙武,《孙膑兵法》就是《孙子兵法》。

孙武与孙膑其人其书有无成为千古之谜,这为孙膑的出身增添了几分神秘色彩。

直到1972年4月,在山东临沂银雀山的西汉墓中发掘了数量不少的简牍，中国古代在纸未发明出来时用来书写的竹简和木片称呼为简牍。

经统计，这些散落的完整或残缺的竹简共计出土 4942 简，此外还有数千残片，上书的字体是早期隶书，均为西汉时手书，据说当时最先发现的内容是"齐桓公问管子"。

后来经过山东省博物馆临沂文物组的研究，这些竹简上的内容是《孙子兵法》《孙膑兵法》《六韬》《尉缭子》《守法守令等十三篇》等先秦古籍及古佚书！

这是研究中国历史、古文字学、古代军事的可贵资料。

因此这次发现被列为 20 世纪 70 年代"新中国 30 年十大考古发现"之一，在 21 世纪初，又被评为"中国 20 世纪 100 项重大考古发现"之一。

最引人注目的是《孙子兵法》和《孙膑兵法》的同时出土，终于，争论了一千多年的学术悬案有了结果，解开了之前的谜团。

孙武与孙膑是两个人，孙武在吴国潜心钻研兵法，著成兵法十三篇，就是《孙子兵法》，被称为吴孙子，孙子是对孙武的尊称，如孔子和孟子。

孙膑是孙武的后代，撰写《孙膑兵法》，是齐国人，被称为齐孙子。

而《孙子兵法》中的词语之所以带有战国时期的特点，可能就是因为孙膑是《孙子兵法》的修订者。

这个谜团的解开也让我们更加了解孙膑，孙膑的家族源流就是孙武的家族源流，可以合二为一。

那么，孙膑的家世到底是怎么样的？

中国朝代顺序有个速记口诀：三皇五帝始，尧舜禹相传；夏商与西周，东周分两段；春秋与战国，一统秦两汉……

孙膑祖上有确切的世系可以推到尧舜禹中的舜，从舜的后代虞阏父开始。

在周武王伐商纣时，周国的陶正之官是虞阏父担任的，陶正之官顾名思义，与陶器有关，就是管理与制作陶器的职位。

因为虞阏父能力不错受到周武王的表扬，他的儿子满后来娶了周武王的长女大姬，两人被封到今河南淮阳县一带，满建立陈国。

到了公元前672年，陈国经历了十代十二个国君的传袭后，这时已是东周春秋时期，陈国发生内乱，公子陈完为了避祸带着家人东迁，定居于齐国。

齐国当政的齐桓公首霸中原。陈完很快得到霸主齐桓公的重用，可见他的能力出众，他的子孙在齐国世代为官，并改姓田氏，陈完是孙武的直系祖先。

　　等到春秋后期，当时齐国的附属国莒国过于亲近楚国，齐桓公大怒讨伐莒国，莒国被打得落花流水，但是齐军却没有抓到国君莒共公。陈完的后代中有个叫田书的，他活捉了莒共公，因此被齐景公赐姓孙氏，田书就是兵圣孙武的祖父。

　　在很早之前姓氏是分别有含义的，姓者，统其祖考之所自出；氏者，别其子孙之所自分。就是说，总括家族祖先出自于何处的是姓，区别家族子孙分化于何处的是氏。

　　一般贵族有氏，贱者有名无氏。

　　后来，齐桓公一族衰败，卿大夫相互兼并，齐国政治上一时乌烟瘴气，孙武一族也受到牵连，他出逃到吴国。后来，孙武被吴王阖闾看重，吴王采用孙武提出的"疲楚误楚"战略，直接攻进楚国的首都，孙武在吴国立下汗马功劳后，他隐居山林之中，专心著书。

　　后来，吴国被越国灭亡，孙武的一部分后代子孙又返回齐国了，这些人中就有孙膑的先人。

　　大体的家族顺序：

　　【舜】后代虞阏父→【周】满与周武王长女去封地陈国→陈国十代十二个国君→【东周春秋】陈完迁齐国→子孙改姓田氏→【春秋后期】田书被赐姓孙氏→孙武到吴国→【东周战国】孙膑

在齐国。

所以孙膑可以说出生在一个"兵学世家"，他的先祖陈完、田书、孙武都是大名鼎鼎的人物，在战乱中都干出了一番事业。

而孙膑和孙武的具体关系，也有一些传言。

孙武死后一百多年才有孙膑，孙膑生卒年已经无法查考，按照当时百姓寿命来说，夏、商时期不超过18岁，周、秦大约为20岁。

这么算来孙膑可能是孙武五代之后了，也确实有一些文献或者小说用这种族谱。

但是族谱并非是单纯的数字计算，更何况又有许多分支。

据民间调查，在山东甄城县红船镇孙老家村，发现有清光绪年间修撰的《孙氏家谱》，后又发现万历年间的《孙膑传影》以及顺治年间的《孙氏族谱》。后又在郓城县发现有两种《孙氏族谱》，有康熙本和1951年新本，尤其是1951年本为甄、郓十数个孙氏村庄的合谱，都认为孙武是孙膑的祖父。

不过又有很多学者指出，按照各种史料时间上推测孙武与孙膑的生卒年，两人生年相差至少一百五十年以上，祖孙关系的话恐怕不会有这么巨大的年龄差。

不管哪个结论，我们对这位传奇人物的身世也有了更加详细的了解。

这样的家族为孙膑成为军事家提供了一定的教育基础，或许他就是听着先辈的故事长大的。

孙膑生活在阿城与鄄城之间，现在对应何地并不明确，有说是今山东阳谷东北的阿城镇附近，总之，大概地区在今鲁西南一带，那附近早期的地貌特点是地势低下、森林茂密，冈丘、平原相间，这些应该对孙膑掌握军事地理知识有所影响，而且当初那里是齐国的边防要地，又因为这时齐国国力不强，孙膑自小就深受战乱之苦。

家世背景和地理环境的影响或许都无意中在他心中埋下了"战胜，则所以在亡国而继绝世也。战不胜，则所以削地而危社稷也"的种子。

而使这小小种子发芽的就是当时的历史背景与社会条件，让孙膑"不得不"成长为一名优秀的军事家。

学者们认为，孙膑主要生活在公元前4世纪下半叶，约公元前380年到公元前320年之间，是战国中期。

这是一个动荡不安的年代，更是一个造就英雄的时代，只有了解孙膑当时所处的历史环境，才能更好地了解孙膑的传奇人生。

在春秋时期，还没有发展到礼崩乐坏的程度，各诸侯对周天子还有些顾忌，大家表面功夫做得比较好，就是有战争也是一种礼仪性质的战争。

之前的春秋五霸是尊王攘夷的齐桓公、制霸中原的晋文公、问鼎中原的楚庄王、纵横江淮的吴王阖闾和称雄东南的越王勾践。

孙武后来就是为纵横江淮的吴王阖闾服务的。

而所谓的礼仪性质战争，就是这些诸侯国之间的战争不以消灭对方国家为目的，而是要对方屈服，来获得对方的臣服，之后签订条约，也就是会盟。

比方齐鲁长勺之战的一鼓作气再而衰三而竭，就是作战之前要鸣钟鼓。

比如宋楚泓水之战的不鼓不成列，过程中几乎不会出现偷袭，等别人摆好陈列再攻击，也不会攻击受伤的士兵，不会伤害老人和孩子。

战争似乎就是贵族之间的竞技一样。

当然，这些只是在国力相差不大的情况下出现，如果没有绝对的优势，照样亡国，毕竟除去几个大国外，还存在上百个小国，但最后也都没有多少了。

但是这种所谓的礼仪性质的战争也终究会消失，也是在宋楚的泓水之战中，春秋大义宋襄公就因为讲究"礼"，待楚兵渡河列阵后再战，结果大败受伤，次年重伤而亡。

等到了战国时期就更不会再有礼仪性质的战争了，战争就是战争，残忍而又诡诈。

春秋晚期，晋国有赵、魏、韩、范、智、中行氏六家颇有权势，称为"六卿"。没几年，范氏与中行氏被灭，又过几年因晋阳之战智氏被灭，这些土地就被赵、魏、韩三家所瓜分。

在公元前403年，周王室不得不承认赵、魏、韩三家为诸侯，与晋侯并列，直到公元前375年，赵、魏、韩三家将晋侯剩余土地瓜分干净，至此，五霸之一的晋国彻底灭亡。

这就称为三家分晋，被视为春秋之终、战国之始的分水岭。

春秋五霸变成了战国七雄，赵、魏、韩三家又被称为三晋。

这三晋与孙膑也有很多的渊源，孙膑在魏受刑无法出仕，也因为三晋之间的战争而名扬天下。

而此时孙膑的家乡齐国，卿大夫之间也在经历一场权谋斗争。

当初孙武跑到吴国，就是因为齐国的卿大夫互相兼并。最初周王朝封吕尚在齐地，他建立齐国，吕尚就是大名鼎鼎的姜太公。

也就是说，齐国诸侯最初是姓姜氏为吕，这个时候的齐国又被称为姜齐。

但是后来田氏，就是前面所说的陈完的后代，慢慢地在齐国做大做强，权力大于其他士大夫，最后自立为相，因姜氏荒淫无诞，不理朝政，田氏在齐国一手遮天，掌握了齐国的政权。

逐渐地，大家称姜齐为田齐，而田齐"虽无大德，以公权私，有德于民，民爱之"。

有一个小故事就是说田齐如何深得民心的。当时田桓子还是大夫，他自己做主更改政策，将齐国的量制由四进制改为五进制，就是之前四升为豆、四豆为区、四区为釜、十釜为钟换成五升为豆、五豆为区、五区为釜、十釜为钟，之后向人民借贷粮时用五进制，而还贷时用四进制，减轻人民的负担。慢慢地，田氏得到了齐国人民的拥护和爱戴。

终于到了公元前386年的时候，田齐被周王室正式承认为诸侯。

田氏没有再创建新的国家，这个时候齐国还是齐国，只是已经姓田了，姜齐正式称为田齐，与三家分晋不一样。

这件事称作田氏代齐，也叫田陈篡齐。

这样经过洗牌，战国七雄分别是秦国、楚国、齐国（田齐）、燕国、赵国、魏国、韩国。

也有说战国七雄为七个君王：韩昭侯、赵武灵王、魏惠王、齐威王、楚悼王、燕昭王以及秦始皇。

与孙膑关联比较紧密的两个诸侯就是魏惠王和齐威王。

相对来说，战国七雄更多的还是代表七个国家。

就在这段三家分晋与田氏代齐的时期，老百姓也没有闲着，生产力也在发展，铁犁牛耕技术已经出现，人民大量开垦荒地，荒地开垦后就成为私产，土地的私有制开始出现。

这样就出现了土地主，一个新的阶层崛起，因此迎来了一波政治、经济、文化、科技上的变革高峰。

七雄当时的情况：

魏国任用李悝实行变法，较早地实行了社会改革，使魏国成为最先强盛的国家。

这个时候，秦国却处在持续衰落期，因为魏国迅速强大起来，侵吞秦国河西之地，秦国屡屡攻魏要夺回来，都失败了，更在公元前389年，秦国发兵50万与魏军决一死战，却根本无力抵抗魏国的攻势。

而楚国则任用吴起变法，可惜在国势颇振时吴起被杀，楚国一时空虚，政局动荡不安。为了稳定统治，楚国对外妥协退让。

齐国国内大夫互相兼并，田氏立国时已经到战国中期，在国都临淄的稷下置学官，招聚天下贤士。

燕国则是相对最弱小的，勉强跻身七雄。

赵国则通过吞并周边小国慢慢强大起来。

韩国在公元前375年灭郑国，并迁都新郑。韩地处诸国包围之中，屡遭攻打。

各国的诸侯积极地实行变革，以发展经济，增强国家实力。一旦实行改革，政治改革是必然要进行的，一些不符合当时发展情况的制度就会被废除，比方废除世卿世禄制度，国家开始选贤任能，一些底层士人凭借自己的才能进入上层社会。

这样就给了普通人机会，也是孙膑的机会。

在变革的同时，各诸侯国除了保证自己的地位，又都想成为霸主，开始发展经济、扩充军队。

周天子对诸侯国的将领任免已经力不从心，诸侯国不再听取周天子的命令，甚至诸侯自己作为统帅直接指挥军队作战。

前面所说的三家分晋与田齐代姜，就是这些诸侯国的卿大夫直接参与指挥，造成了卿大夫逐渐掌握了政权。

可以说，如果想得到权力，想要出人头地，参加战争是最快的。

那么，各诸侯想要扩大自己的权力就需要人才。历史背景需要优秀的军事人才。

随着各国军队数量不断增加，战争时间也在延长，老百姓活着几乎就是为了打仗，社会背景也决定了需要大量的士兵。

这些都为古代兵法的发展奠定了基础，为兵法呈现活跃期提供了保障。

之所以促成了孙膑成为军事家，首先因为他有基础，而整个时代又正好需要这样的人才。

但孙膑的成功不能仅仅靠这些。

孙氏到孙膑这一代已落败，与普通老百姓没有什么区别，单靠家庭教育无法成为一名优秀的军事家。

青年的孙膑决定游学。

游学是从战国时期开始盛行的，后来成为常见的一种求学方式，读万卷书不如行万里路。

这里面的最典型人物就是孔子，他不但在游历中求学，也在游历中教学。

实际上，游学不单单是为了增长学问，还可以宣传自己的思想，比方孔子、孟子等，他们四处讲学的时候就在传达自己的思想。

游学还有一个最重要的目的，就是展示自己。

在古代，几乎所有诸侯和权臣都会有养谋士的习惯，而当时信息并不发达，想要领导者知道自己，需要更大的名声，游学就是一个方法，游览各处，建立自己的人脉，可以引起领导者的注意。

有些领导同样也需要这样的谋士，比如战国四公子之一的孟尝君，就因手下有上千的谋士闻名，他只要听说有什么奇人就去拜访并收为己用。

让这样的领导者知道自己，就需要一定的名声，游学就是一个最好的办法。

孙膑如果要成就大业，自然也要结交一些奇能异士。所以孙膑决定选择鬼谷子为自己的老师，鬼谷子是奇能异士中的佼佼者，这也是孙膑传奇人生中的一个最传奇的人物。

而孙膑的传奇人生就从这里开始了——

目录

第六章　减灶与示弱：马陵之战的争议

第七章　田园与兵书：归隐著传世国宝

第八章　缘起与兴亡：兵家圣人哪几位

第一章

求学与仕途：请开始你的表演

朝歌夜弦五十里，八百诸侯朝灵山。

意思是商王朝的国都朝歌非常繁华夜夜笙歌，声音传得很远，许多诸侯都想来到这里。

这句话是现代人为了宣传朝歌而写出来的。

朝歌位于今河南鹤壁市市区南部淇河边，《封神榜》故事的发生地就在这里，它也是中华文明的主要发祥地之一。

它东有淇河为险阻，西有太行山作屏障，是三千多年前的古都，在商纣王时代，朝歌的城池巍然壮观，邦畿千里，维民所止，然而商国被周灭之后，朝歌的宫殿在周国皇室倾轧之中被焚，百姓被掳，顽民被迁，繁华的城市成为废墟。

自此一转眼便又过了数百年，到了战国时期，孕育出无数的能人志士，朝歌慢慢地恢复了它的生命力，战国七雄之一的赵国都城中牟便位于鹤壁市。

在这里不远处有一座主峰五百多米高的山，山峦高耸入云，山气氤氲，飞瀑流泉，壮丽奇绝，如梦中仙境一般，因此叫作云梦山，又名青岩山。

在山雾缭绕中，山路蜿蜒盘旋，一个年轻的男子背着包袱，步伐坚定。

当孙膑站在这里的时候，感叹此处曾经是朝歌，现在是赵国的都城，朝代更迭，只有这些山峦还在。

他之所以来到云梦山，是为了拜鬼谷子为师。

鬼谷子，王氏，名诩，一作王禅。

他的一生比孙膑更加传奇，是中国历史上一位极具神秘色彩的人物，被誉为千古奇人。

他的生卒年、籍贯都有争议。

甚至传言鬼谷子是神，在黄帝时就已经有鬼谷子了。

在唐末杜光庭撰写古代神仙集《录异记》里就有关于鬼谷子的一段话："鬼谷先生者，古之真仙也，云姓王氏，自轩辕之代历于商周，随老君西化流沙，洎周末复还中国，居汉滨鬼谷山。"

这样算起来的话，鬼谷子已经有千岁以上，他从黄帝时期活到了商周再到春秋战国时期，这肯定是不可能的。

还有一个传说，就是后来鬼谷子活到了秦始皇时代，从战国中期到秦始皇统一中国，这么算来鬼谷子也有个几百岁，这也是不可能的。

有这些传说足以证明鬼谷子的传奇性，众人已将他神化。

他之所以称为鬼谷子也有几个传说。

相传很久以前，周家公子与赵家女青梅竹马，谁知订婚后赵家因为周家败落要悔婚，周家公子对赵家女一往情深，竟然思念成疾，病死了。

赵家女来到周家公子坟前，悲痛不已，哭晕后梦见周家公子让她将坟前的稻谷带回去。

赵家女醒来后看见稻谷，带回去后淘米吃了，之后赵家女因此怀孕，生下一个男孩，这就是后来的鬼谷子。

因鬼生谷，因谷生子。

又传说，小龙女的精魂投胎到王员外家，名瑞霞。瑞霞长大后，遇到有一年干旱，王家的数亩田地里只结下一株谷穗，谷穗中的果实变成珍珠，瑞霞把玩珍珠，珍珠无意中进入口中，瑞霞因此怀孕。

她因未婚先孕被赶出了家门。

瑞霞走进云梦山，在山洞里生下一个男孩，因谷生子，所以取名为鬼谷子，那个山洞便称为鬼谷洞。

当然，这俩因谷生子的故事都是虚构的，是因为鬼谷子太过神奇而由人们杜撰的。

还有可能是因为地名而起的名字。鬼谷子所居住的地方在深山中，树木茂盛，看起来不像有人居住的，这里就成为鬼谷岭，那住在其中的人就称为鬼谷子。

那么，鬼谷又在哪儿呢？鬼谷子收徒授课的地方在哪里，孙膑到底是在哪里拜师学艺的，众说纷纭。

其中最早的说法是阳城说。《史记·苏秦列传》中有一句"（苏秦）东师事于齐，而习之于鬼谷先生"，这句下有裴骃《集解》云："徐广曰颍川阳城有鬼谷，盖是其人所居，因为号。"徐广是东晋末至南朝宋初人，裴骃是南朝宋人，也就是说从东晋末就有鬼谷为"颍川阳城"的说法。阳城，即今河南登封东南告成镇附近。

现在河南鹤壁市的朝歌旅游景点中就有个山，说是鬼谷子当年生活的地方。

后面很多的说法都是从阳城说演变出来的。比方说关中说，认为鬼谷在陕西的云阳；还有说鬼谷子是楚人，在湖北、湖南等地……

也有说鬼谷就在齐国，齐国是今山东一带，孙膑是齐国人，最先拜师的地方可能就在齐国，但是游学自然是要行走各处，鬼谷似乎又不在齐国。

不管鬼谷究竟在哪，孙膑都千辛万苦地找到了鬼谷子，拜他为师。

鬼谷子隐居在鬼谷中，不与外界来往，过着打坐修道的生活，又有什么非凡的能力，让世人如此追捧，甚至神化呢？

鬼谷子是诸子百家之纵横家创始人，被后世尊为"谋圣"，在文化史上，鬼谷子是与孔子、老子并列的学术大家。

纵横家是指春秋战国时期从事政治外交活动的谋士群体，可以理解成是比较特殊的外交政治家，也是中华上下五千年最早的外交政治家。

之所以要限制时间，是因为这是春秋战国时期特定的国际形势的产物。那个时候列国纷争，各自为政，就需要这样的"纵横家"，然而在汉代大一统之后，纵横家就很难再有用武之地了，虽然也偶尔有余音，但是很难有发展。

除此之外，鬼谷子也是一个兵法集大成者，精通百家学问，是著名的道家、思想家、谋略家、兵家、阴阳家等。

后世对鬼谷子的评价基本上都是赞美的声音，充满了敬仰之情，他的弟子也多名列青史。他已经成为隐士的代表，甚至被众人神化，这样的一个牛人成为孙膑的老师，为孙膑的传奇人生添砖加瓦。

孙膑顺利成为鬼谷子的徒弟，开启了他的学习生涯。

具体学习了什么，也没有什么记载，然而鬼谷子精于兵法、奇门遁甲、五行八卦之学。《孙膑兵法》中的阴阳家色彩，或许就与鬼谷子有关。

当时"阴阳"和"五行"渐渐合流，之所以称之为阴阳家，是先秦诸子百家之一，除去一些带有唯心色彩的内容，其中也包含天文、历法、气象和地理学的知识。

比如《孙膑兵法》中的《月战》《地葆》两篇里就含有阴阳家色彩。

一、孙膑兵法·月战

《月战》讲的是战争是有规律可循的，就像月亮运行一样。用兵作战时要掌握一定的规律，才能立于不败之地。文中举例说了几种情况：

1. 有多杀人而不得将卒者，就是有人用兵作战虽然能杀死许多敌军士兵，却不能活捉敌军将领和士兵；

2. 有得将卒而不得舍者，就是有人用兵作战可以抓到敌军将领，却不能占据他们的阵地；

3. 有得舍而不得将军者，就是有人用兵作战能占据敌军的阵地，却不能活捉敌军将领；

4. 有覆军杀将者，就是有人用兵作战虽然会全军覆没，却能杀死敌军将领。

这些都是有一定规律可循的，所以如果掌握了这些用兵的规律，就能将敌军杀得片甲不留。

那么，规律到底是什么呢？

孙膑说了一段比较"玄学"的话。

孙子曰：十战而六胜，以星者也。十战而七胜，以日者也。十战而八胜，以月者也……十战而十胜，将善而生过者也。

意思是掌握了星辰变化的规律，打仗十次可以胜六次。掌握了太阳运行的规律，打仗十次可以胜七次。打仗十次胜八次的话，是掌握了月亮运行的规律……十战十胜，是因为将领善于用兵，而士兵的素质又胜过敌军。

因出土的竹简有部分缺失，所以有的字并不好识别，但是也可以明白《月战》这篇主要讲的是战争与日月星辰的关系。

这部分内容就与阴阳家有关了。战争怎么和日月星辰有关系呢？打仗时要看天象星象？看起来似乎不是很靠谱。

但是并不能把这里单纯地理解成迷信，日月星辰的关系可能指的就是天时。

在《月战》一开篇，孙膑便说：间于天地之间，莫贵于人。天地之间，没有什么能比得上人宝贵，作战这天时地利与人和，如果少了任何一项，就算是胜利了，也会留下后患。所以，必须天时地利人和才能作战，如果不具备这三项条件，除非万不得已，绝对不要作战，这样即使作战的话，可以胜一次，没有必要再打第二次仗，没有计划去打仗却又能取得小胜利，那是因为天时符合当时情况。

孙膑虽然相信部分阴阳家的理论，但是他最根本的还是一个军事家，把"人"放在最重要的位置。就算全部胜利，也是将领领导得好，也是士兵的素质好。

二、孙膑兵法·地葆

葆通宝，这篇则详细说了各种地形在作战中的优劣情况。

孙膑说："凡地之道，阳为表，阴为里，直者为纲，术者为纪。纪纲则得，阵乃不惑，直者毛产，术者半死。"

这里说了几种道路，向阳的、背阴的、笔直的大路和小路，它们的具体情况很重要，只要掌握了它们的分布状况，排兵时就不会有疑惑了。而它们的作用是，大路因为畅通所以有利于运动方便作战，而小路比较难行就不便于作战了。

后面又讲了日光与风的作用。

"凡战地也，日其精也，八风将来，必勿忘也。"

战地是否有日照对于作战来说十分的重要，作战前一定要观察了解战地四面八方风向的变化。

《月战》中月是阴，主杀；《地葆》里日是阳，以阳为生。这是带有阴阳家的色彩。

而后面的风则是阴阳家中的"风角"的意思。

古代时人们在生产生活中逐渐总结出来风云变化，这些变化又影响到天气和季节的变化，因此人们十分重视这些变化。但是当时人们科学认识水平低下，并不知道这些变化的具体原因，对这些风云观察就带有一定的神学色彩，觉得这些可以测吉凶祸福，这就形成了风角学说。

日照与风向对用兵作战会有一定的影响。

但是后面的阴阳家色彩，其中就有些过于肯定的内容，比方："南阵之山，生山也。东阵之山，死山也。东注之水，生水也。北注之水，死水。不流，死水也。"

又比方："五壤之胜：青胜黄，黄胜黑，黑胜赤，赤胜白，白胜青。"

就是说只要是作战地方的山在南面是向阳的，就是可以让士兵生的山。在东面山排兵布阵，这个山就是让士兵死的山。向东流的水是可以生的水，向北流的水是让人死的水，不流动的水也是死水。

又比较了五种土壤的优劣，青土地比黄土地好，黄土地比黑土地好，黑土地比红土地更好，红土地比白土地更好，白土地又胜过青土地。

或许这其中有不为所知的原理，但是在不了解清楚的情况下，单纯地按照这样去选择"生山""生水"，去选择土壤，就有些形而上学了。

事实上，这一篇说的是天时地利人和中的"地利"，也就是地形的优势，作战时要多观察地形，占据有利于自己的地形。

孙膑又继续说了作战时五种容易导致失败的形势：一、需要渡河或涉水的作战；二、要进入山陵里的作战；三、作战时处在河流的下游；四、扎营驻守在死地；五、作战场地离着树林比较近的作战。一、二、五都是与当时环境有关，在渡河、山陵中、树林这些地方，都不确定会发生什么。

如果出现这些情况，用兵时一定要注意。

后面又说了五种有利于作战的地理情况和五种容易导致失败的地理情况。

"五地之胜曰：山胜陵，陵胜阜，阜胜陈丘，陈丘胜林平地。"

在用兵作战上，这五种地形的优劣比较是这样的：在山地作战比在丘陵好，在丘陵作战比在土山上好，在土山上作战比在小土丘上好，而在小土丘上作战又胜过有树林的平地。

这里就很容易理解了，这五种地形是根据海拔高低顺序排列的，高地容易胜利，更容易占据主动地位。

当时还有五种草一说，五种草的优劣依次是：藩、棘、椐、茅、莎。

这五种草，前面两种草为篱笆之类可以防御的植物，后面依次减弱。

在用兵作战时，有五种地形可能是作战失败的因素，称之为"五败"，因为年代久远，现在只能在《地葆》中看到四种，分别是山溪、河流、沼泽、盐碱地。

仔细思考的话，这些都是不方便隐藏和运动的地点。

而用兵作战时，还有五种地形可能会导致全军覆灭，到了那里，就好像是到了军队的坟墓，这样的地方称之为杀敌：一是洼地，四周没有出路又好像井一样地势低；二是虽然在平地，但是四周有高山，进来容易出去难的地方；三是满地草木，草木好似罗网一样，密密麻麻的，十分限制行动；四是类似山沟的地方，两面有高山，中间道路十分狭窄；五是沼泽地区。

营地不能在这里驻扎的……

仔细观察，会发现这里的五杀之地就是一个比一个矮，按照前面所说，越高越有优势，那么这里越矮越危险，被困在其中的话，很难逃出来。

还有一句叫春毋降，秋毋登。

意思是春天不要在低洼的地方扎营，秋天不要在高处扎营。

这句话就有点儿意思了，为什么还要分季节分高低呢？这是有什么讲究吗？

这似乎也是与阴阳家有关，可能是因为春天雨水多，低洼处容易积水，就成了容易失败的作战地点，秋天雨水少，太高的地方没有水源，就成了容易失败的作战地点。

三、孙膑兵法·延气

在这一篇中，也有一定的纵横家思想，主要说的是"气"，从现在的角度来看，就带有心理学色彩了。

孙膑说：合军聚众，务在激气。就是在打仗之前集结军兵准备的时候，务必要激发军中将士的士气，这是激气。

等到再次集合军队进军的时候，一定要先整治军中制度，增强士兵的锐气，这是利气。

当军队临近敌军阵地时，就要真正上战场之前，务必在战前激励士气，这是厉气。

当确定决战日期以后，一定要激发出全军将士决一死战的士气，这是断气。

当到了交战的那一天，一定要保持作战将领与士兵的高昂士气，这是延气。

如果将领与士兵士气低落会造成什么后果呢？会导致行动迟缓，行动迟缓就会贻误战机，那就必然导致失利。

在阴阳家中也有讲关于气的，这里讲的更倾向于是一种心理状态，两军相逢勇者胜，先从气势上压倒对方，让其在心理上退缩，一支士气高昂的军队，就会打出以一当十、以一当百的效果。

可见《孙膑兵法》中的阴阳家部分并不是完全不可取的，需要辩证地去看待，有些文字也因为时间久远没有办法查证，或许不久的将来会有新的感悟。

拜师鬼谷子的这段经历一定程度上是影响了孙膑的，然而鬼谷子最厉害的是纵横之术。

鬼谷子纵横之术最出色的弟子是苏秦（？—公元前284年）、张仪（？—公元前309年），这二人都是在孙膑之后才出现的。

师兄弟两人感情也很好。

张仪和苏秦拜别鬼谷子下山之后，苏秦揣摩出合纵之术，要游说各诸侯实施"天下之士合纵相聚于赵而欲攻秦"，但是需要秦国在未合纵之时攻打赵国，最好的办法就是智激同窗张仪入秦，维护萌芽期的联盟。

于是他派人去悄悄劝说张仪来投奔他，等到张仪来的时候，苏秦故意不理睬张仪，并且还当众羞辱他，说张仪这么有才能，却落魄到这个地步，不值得收留。

张仪本以为两人是同窗，就算不收留何必如此羞辱？想到只有秦国才能对抗赵国，便前往秦国，到了秦国顺利地见到了秦惠文王。

张仪成为秦惠文王的谋士，秦惠文王与他商讨攻打各国诸侯。

这个时候才有人告诉张仪，苏秦是故意激怒他的，是为了张仪能够有更好的发展，这一路上都是苏秦资助，又帮他见到秦惠文王。

张仪忍不住说："这些权谋是我研究过的，但是我却没有察觉到苏秦的用意，我不如苏秦！我刚刚被任用，又怎么能图谋攻打赵国呢？请替我感谢苏先生，苏先生当权的时代，我张仪怎么敢奢谈攻赵呢？"

因此给了苏秦"合纵"的时间。

虽然苏秦有利用张仪的嫌疑，但是到底也没有影响张仪出仕，可以说是互惠互利。

然而孙膑就没有这么幸运了，没有遇到这么好的同窗，他的同窗是庞涓，有几个小传说讲了一些孙膑在求学时的生活。

话说有一年的冬天，鬼谷子让孙膑、庞涓两人去找"无烟柴"。

孙膑听从师命，一心去寻找，可是经过好多天都没有找到，正巧飞过一群乌鸦，叫着"哇哟"，这给了孙膑思路，这事再说

"瓦窑烧炭"吗？

于是他挖了个土窑，又砍了些木块放在土窑里点着，过了段时间，这木头就变成了木炭，木炭点燃之后也没有烟。

"无烟柴"找到了，鬼谷子对孙膑非常满意。

而庞涓当时则认为不可能找到"无烟柴"，根本就没有去找，看到师父夸奖孙膑，很是嫉妒孙膑。

后来，人们将孙膑尊为烧炭业的祖神。

还有一次，鬼谷子生病在床上。

孙膑磨了豆浆给老师吃，然而庞涓看不惯孙膑如此，就故意将盐水倒进豆浆里，好在孙膑没有着急给老师品尝，过了段时间后，加盐的豆浆成了豆腐。

鬼谷子吃了之后觉得不错又夸赞孙膑聪明，又让他再做一些豆腐，庞涓嫉妒孙膑受到夸奖，就继续做小动作，这次他在盐水里加了石膏水，可是最后还是成了豆腐。

豆腐这种吃法也就流传下来了，人们就把孙膑供奉为豆腐业的祖师爷。

这些故事自然是传说，但是都道出了一个点，就是庞涓的性格与人品，以及众人对庞涓的态度。

然而能成为鬼谷子的徒弟，自然也不是简单的人。

庞涓比孙膑下山要早三年，不知是本来庞涓早入师门，还是因为鬼谷子让他早下山，也有说是庞涓见到魏国招贤，庞涓心动，主动下山。

不过庞涓本就是魏国人，想为魏国效力也是说得通的。

在庞涓下山与孙膑告别的时候，说待到自己功成名就，就将孙膑引荐给魏惠王（公元前 400 年—公元前 319 年），两兄弟一起创一番大业。

庞涓那边别了孙膑，便去了魏国，因出自鬼谷子之门，善用兵法，因此得到魏惠王的重任。

魏惠王求贤若渴，他见到庞涓后先是考他："魏国东面有齐，西面有强劲的秦国，南面有楚国，北面又有韩、赵、燕，我如果想一统天下，你有什么良策吗？"

魏惠王有此抱负并非无中生有，他的先祖是毕公高，周文王姬昌第十五子，后来毕国灭亡，毕氏流散各地。其中有一人叫毕万，侍奉在晋献公身旁，因有军功被封在魏城，赐魏氏。到了晋悼公时，提拔当时的魏氏为卿士，魏氏成为晋国六卿之一。

晋之前是一家独大，但是尾大不掉，最后反而被自己的六卿给分了。

魏文侯时期，军事上以吴起、乐羊为将，联合韩、赵两家，打败嬴秦，削弱芈楚，攻打姜齐，这时魏国独占中原。

魏文侯死后，魏武侯继位，继续着魏国的强盛，但是魏武侯穷兵黩武，东伐西讨，南征北战，导致魏与赵、韩关系逐步紧张，三晋联盟出现裂痕。

大概说来就是：【春秋】晋→三家分晋，形成魏、赵、韩【战国开始】→魏文侯实行变法，魏国强大→周天子封魏文侯为诸侯，承认魏国→魏武侯→魏惠王……

到了魏武侯的儿子魏惠王，他的目标就是要一统天下。

庞涓听后，魏惠王的想法正与自己完成霸业的理想一样，言辞恳恳："大王不用我也就算了，若是以我为将领，定能保证每战必胜利，攻打的地方肯定能得来，可以一统天下，更何况区区六国！"

魏王有些兴奋但是又比较谨慎，又询问："先生敢如此承诺，怕是没有机会实现吧。"

庞涓并不在意这话中的不信任，他明白自己若是表现出一点的不确定，都无法取信于魏王，更何况他一片雄心，定能成就大业，因此回道："我自有所长，定能将六国玩弄在手中，若是不成，甘当伏罪！"

魏惠王大喜，任庞涓为元帅并兼任军事。

果然庞涓在之后的几场小战役中屡屡得胜，庞涓攻取了赵国的列人邑（今河北省肥乡县），对邯郸造成了巨大的威胁。

后来由于当时魏国相国公孙痤重病，公孙痤所管理的河西郡受到秦国攻打，十分危急，魏惠王急调庞涓率魏国最精锐的军队与秦军作战。

庞涓十分了解河西的地形，只有渡过黄河，才能打击秦军。

他让魏军搭建浮桥，摆出要从临晋（今山西省运城市临猗县临晋镇）渡河的架势。这里离当时秦国的都城栎阳很近。

秦军对庞涓的攻秦十分紧张，开始向临晋调动大量的秦军。

之后庞涓命令一部魏军佯过浮桥，与临晋秦军激战。

而庞涓则亲率精锐魏军从秦军防守薄弱的合阳（今陕西省渭南市）渡河，向秦都栎阳进军。

秦军奋力地与魏军在临晋作战，但庞涓还是破了栎阳，河西又被魏国夺回去了。当时的秦孝公被迫迁回秦旧都雍。

庞涓在魏国可以说干得风生水起。

就在庞涓施展抱负的时候，魏惠王对孙膑也是有些耳闻的，一来同出鬼谷子之门，二来孙武之名更是厉害，而且他也明白，若单单用庞涓，恐不把握，魏惠王自然也想将孙膑纳入麾下。

《史记》上这样写道：庞涓既事魏，得为惠王将军，而自以为能不及孙膑，乃阴使召孙膑。

因为庞涓嫉妒孙膑，偷偷地将人骗到身边来。这个时候可能只是想让孙膑当自己的幕僚，总比让孙膑离开，在其他地方发展好。也不排除已经动了杀心。

在《东周列国》中，则是魏惠王知道孙膑的名声，主动邀请孙膑。

虽然孙膑是齐国人，但是也不影响他来魏国。

正如魏惠王所说，魏国所处之地是当时的四战之地，四面强国，虽然很容易发生冲突，但是也属于天下交通要冲，是文化经济的核心部分，各国人才很容易来到魏国，也都希望自己能在魏国建功立业！

庞涓得知魏惠王的打算，心中不满，面上却不露，回道："微臣不是不知道孙膑的才能，但是孙膑是齐人，他家祖上曾是齐国朝臣，如果他来到魏国，恐怕会先以自己的国家为主，之后才是魏国，所以我才不敢引荐。"

庞涓应对自如，理由也十分充分，魏惠王并没有察觉出其他来，点点头道："士为知己者死，当初孙武也曾离开齐国为吴国军事，可见就算不是本国人，也是可以用的。"现在各国对其他国家的能人来自己国家，大力表示欢迎。魏惠王也是如此。

庞涓见魏惠王已经做好决定，只能说："大王既然要召孙膑来，臣马上书信！"

庞涓当即写了一封书信呈给魏惠王，魏惠王让人带着书信与黄金万两去鬼谷请孙膑。

孙膑见到庞涓的书信：我现在受到魏王的重用，想起当初离开时的话，铭刻在心中不敢忘记，所以现在将你推荐给魏王，希望你能马上来此，我们共建大业。

孙膑自是欣然下山。

他其实对未来也有一定的规划，齐国自然是上上之选，然而当初他也同意了同窗庞涓的邀请。

孙膑选择魏国，一来是因为同窗庞涓，二来也是对魏国本身的考虑。不管是从内政还是从军事，以及外交上，魏国都强于齐国，处在国力顶峰，而齐国才开始发展。三来，他的祖上孙武，是经吴国重臣伍子胥举荐，伍子胥七次推荐孙武，受到重用为将，两人互相成就。

现在他与庞涓，或许就是孙武与伍子胥组合的再现，而孙膑的野心更大，魏国当时是强国，或许，可以一统中原。

他对未来充满了期待与抱负，然而等待的孙膑却是横祸。

孙膑带着雄心来到了魏国。魏国之前的都城在安邑（今山西省夏县西北），到魏惠王时迁都大梁（今河南省开封市），因此又称梁国，实际上也称魏惠王为梁惠王。

一路上城市繁华，农村也有集市，随着各诸侯国发展，社会生产力不断发展，各国贸易频繁。

在春秋战国之前，城市虽然很大，但是不过三百丈，人虽然也多，但是不过三千家，虽然三百丈和三千家是个概数，但是也表明了之前并没有这么繁荣。

到了现在，千丈之家、万家之邑相望，更是三里之城七里之郭。

孙膑所看的就是这样的景象，心中也是有一番雄心壮志。

不几日孙膑到了魏国都城，先居住在庞涓的府上。

关于这一部分，在历史上没有明确的记录，不知道庞涓是否真的将孙膑引荐到魏惠王面前。

《史记》中记载：膑至，庞涓恐其贤于己，疾之，则以法刑断其两足而黥之，欲隐勿见。

孙膑到达魏国之后，庞涓害怕他比自己更有贤能，因此忌恨他，就假借罪名砍掉他两只脚，并且在他脸上刺了字，想把他隐藏起来，这样就不会有人发现他的才能。

不过如果是魏惠王主动邀请孙膑来的魏国，那魏惠王自然是要见一见孙膑，试一试孙膑的才能。

魏惠王来到教场，让孙膑与庞涓演绎阵法。

庞涓布的阵法，孙膑见招拆招，而孙膑排的阵法，庞涓并不认识，也无法破解。

庞涓便私下询问孙膑阵法，孙膑并没有多想，告诉庞涓，"这个叫作玄襄阵，让士兵拿着各种旗帜，配合密集而雄壮的鼓声。这样士兵看起来是散乱的，实际上很稳定，战车也是如此，只是看起来乱，实际上排列有序。士兵像在酒馆里一样，热闹杂乱，如同从天而降，从地里冒出来，敌军就不明白自己的真实意图，乱花迷人眼。"

庞涓听后觉得甚是妙哉，就上前告诉魏惠王，"孙子所布的为玄襄阵，是为了迷惑对方，看着乱实际上有序。"

魏惠王又询问孙膑，孙膑也是如此说。

魏惠王见状，既高兴又得一人才，又高兴庞涓不比孙膑弱。

然而，庞涓心里却明白，自己比孙膑弱，但是他认为弱的原因主要在于自己没有看过《孙子兵法》。

他们师从同门，一样的师父，学一样的东西，孙膑如果比自己厉害，那一定是有《孙子兵法》的加成。

庞涓想要把《孙子兵法》占为己有。

庞涓宴请孙膑喝酒，两人谈论到兵法，孙膑所说的一些内容，庞涓并不知道出处，便询问："这些莫非都出自孙武子《兵法》？"

孙膑应道："是的，也加入了自己的理解。"

庞涓认为《孙子兵法》很重要，继续说："不知是否可借来看看？"

"已经没有此书了，我也不过是有些记忆。"孙膑从见到庞涓，就真心对待庞涓，自然没有说假话。

庞涓想让孙膑传授，又不好一直逼问，免得意图太过明显，孙膑拒绝，他只能先算了。

关于阵法，《孙膑兵法》中是有两篇相关内容的，《十阵》与《八阵》。

四、孙膑兵法·十阵

《十阵》详细介绍了十种阵形，当时孙膑所处的时期，主要是以战车为作战工具，步兵则是配合战车作战。

所以玄襄阵里的士兵故作混乱，就是为了让敌军无法看清战车作战。

那除了迷惑对方的玄襄阵之外，其他九阵又是什么呢？

用来截击敌军的话，要用方阵，方阵的排布特点是中心的兵力少，方便听从将领的命令，四周必须安排多而强的兵力便于截击敌军，将领在靠后的位置指挥。

集中兵力防守的阵形用圆阵，如果是进行弓弩战就用雁形阵，方阵、圆阵和雁形阵的方法已经丢失，暂不可考，想来圆阵是与方阵的方式相反，将兵力集中在中间。雁形阵如其名，如大雁飞翔时的阵形。

想要制造声势哄骗敌军，就用疏阵。

疏阵，顾名思义，就是排列的时候要稀疏一些，这是因为这个阵形适合士兵铠甲不足而兵力又少的状况，可以加强阵势，看起来兵力充足。

那怎么排兵布阵呢？要多设旗帜显示威武，多置兵器显示兵多。这样的话布阵的时候就要加大士兵之间的行距间隔，队形就稀疏了一些，然后在中间多设置旗帜，要把锋利的兵器布置在外侧，预防敌人。

但是要注意疏密适当，不能轻易受敌军的威逼，也不能轻易被敌军包围，一定要深思熟虑，谨慎施行。还要注意战车不能急驶，步兵不要急行。

使用疏阵的要领在于，把士兵分成许多个小战斗群，间距要让他们方便前进和后退，容易进攻和防守，这样既可以与敌军对战，也可以截击已经疲惫的敌军。如果能把疏阵用好，也可以战胜敌军精锐部分。

如果是想防止自己军队被敌军分割就可以选择数阵。数阵的布列方法与疏阵恰恰相反：间隔距离不用增大，减少行列之间的距离，但是排列要整齐，整体距离要让兵器之间变得密集但还要方便攻击，士兵攻击敌军的同时要互相保护前后的士兵，这样的队形不容易被分割。

但是它也有一定的缺点，过于密集的阵形容易引起士兵的恐

慌，这个时候要停止行动，先稳定他们的情绪。

而且数阵要想坚不可破，操作起来也有一定的难度，行动时要注意不要追击退走的敌军，不要堵截进攻的敌军，不管是攻击敌军的弱点还是挫敌军锋锐，这些都要提前计划，千万不要让敌军有机可乘。数阵就好像是一座大山，让敌军不能分割自己的方阵，最后只好无可奈何地退走。

锥形阵是用来突破敌军阵地并切断他们相互联系的阵形，这就要求锥形阵一定要像利剑一般锋利，前锋要十分锐利，直接刺入敌军，其次两翼也要锋利，这样可以截断敌军的包围。同时主体还要雄厚，才能成锥形阵，就可以突破敌阵，截断敌军。

钩形阵是己方改变其他阵形之前的过渡阵形，也可以说是准备时的阵形，阵形前面必须排成方形以方便统领，左右两翼为了保护其他的士兵要相对应摆成钩形，免得改变其他阵形时被对方攻击。指挥用的五色旗帜和金、鼓、角三种发声器必须齐全，还要教会士兵辨别指挥旗帜和指挥的声响号令，接到指示后很快改变阵形。

下面的火阵与水阵则不单单是阵形上的变化，还加上一些"辅助设备"，而且需要更加灵活，根据当时情况才能运用。

火阵，简单来说就是用火去烧对方，要选择动作轻快利落的士兵，分派他们点火，然后在敌军沟垒之外，挖掘堑壕以掩护自己，之后再每隔五步堆积柴草，距离要疏密均匀……需要注意的是，在点火之后如果发现火烧向己方，出现这种情况会成为敌方的帮手，交战无法胜利，那就要停止行动进而撤退。

因此用火战是有条件的，敌军需要在下风头的位置，这样风会吹向他们，并且他们的阵地地势要平，最好野草丛生，这样方便助燃，那么被烧时敌人便无处可逃。

还有一种情况，如果遇上大风天气，敌军阵地又是野草丛生、柴草堆积，火也很容易燃起来，营地戒备又不严密，来不及救火，也可以用火攻。这样火攻可以造成敌军混乱，之后再用密集的箭射杀敌军，再加上擂鼓呐喊，让士兵攻击，用兵势辅助火攻。

水阵是在水上发起的作战，这个时候就要多用步兵，少用战车，战车过于蠢笨不利于水上攻击。让士兵准备好捞钩、缆绳等器具和船只用具。指挥船要用轻便的船只，方便水上移动，联络船要用快船。

水阵对船只操作要求比较高，行进时要有秩序，前后相随，若是后退千万不可拥挤，不要造成己方船只相撞。如果顺流而下或者敌军进攻，要适当收缩队形别被敌军打散，要记住己方目标是射杀敌军。因为在水上，所以一定要根据敌军形势的变化谨慎地指挥，敌军移动就钳制住它，敌军密集就想办法分割它。另外，注意敌军中可能有隐蔽的战车和步兵。水阵不单单指水上的事情，有的时候也需要调动步兵在陆地配合作战，比方在控制渡口时。

这些阵势各有用处各有长处。这些阵列看起来似乎易懂，但是战争并不是简单的排列阵法，在战场上还需要随机应变，根据形势来改变自己的阵形。

这就需要熟悉各种陈列排布方法以及它们的优缺点，这对统兵将领来说是必须掌握的，最主要的还是要灵活地运用。

然而，对将领的要求并不单单只有这些。

五、孙膑兵法·八阵

这里说的是统兵作战的将领必须具备的三个要素，之后解说怎么用兵布阵。

孙子曰："智不足，将兵，自恃也。勇不足，将兵，自广也。不知道，数战不足，将兵，幸也。"

孙膑说："如果领兵打仗的人智谋不足，他依赖的就是自己的那点儿东西，无法胜利。如果领兵打仗的人勇气不足，能做的只有自己为自己宽心，也无法胜利。如果是个不懂兵法又没有打过仗的人统兵，那胜利就只能靠侥幸了。"

后面孙膑又举了一个例子。如果要维护一个"万乘大国"的平安，就要扩大"万乘大国"的统辖范围，如果要保全"万乘大国"百姓的生命安全，那就需要一个懂得用兵规律的人做将领保护大家。

什么样的人是懂得用兵规律的人？首先知识储备要充足，上知天之道，下知地之理，还要懂得八种兵阵的要领。同时在国内深得民心，对外要熟知敌情，这样可以有预判能力。要出战就要有必胜的把握，没有胜利的把握则避免出战。此王者之将也。

选定这样的人为将领，下面就开始说怎么样用兵阵作战，如果用到八阵的话该怎么做，这八阵指的是除去火阵与水阵之外的八个阵形。

每个阵形都要有先锋，还要有后续的兵力，排兵布阵时要把兵分为三部分，斗一守二就是攻击时用三分之一的兵力，守卫时用剩下三分之二的兵力。或者以一侵敌以二收，就是攻破对方的阵营可以用三分之一的兵力，完成歼敌任务可以用剩下的三分之二的兵力。所有军兵都要等待将令才能行动。

在这里孙膑提倡，在战争中不全部投入，要保留一部分的后备力量，对军事力量要合理分配，留下三分之二的兵力体现了孙膑的谨慎性。

之后就举例了六种情况来分配兵力。

1. 如果遇到兵力比较弱而且阵势混乱的军队，己方可以先让精兵去攻击敌军，可迅速攻破敌军。

2. 如果遇到兵力强的敌军而且他们的阵势比较严谨，己方可以先用一些弱兵去诱敌，让敌军疲惫。

3. 用战车和骑兵出战时，作战方法与前面的斗一守二有异曲同工之妙，先把兵力分为三部分，左右两侧各派一个小分队，最后一部分断后。

4. 战车适合在地势平坦且无狭道碎石的地方用。

5. 骑兵多用在地势险阻的地方，这样比其他兵种更方便行动。

6. 弓弩手经常用在地势又窄又险的地方。

但无论作战地点是险阻还是平坦，都要根据地形条件选择合适的阵形作战，将地利发挥到极致，再加上将帅审时度势地作出正确的决策和指挥，才是最终胜利的保障。

这是孙膑苦心钻研得出来的阵法，又加入些对《孙子兵法》的理解。

然而庞涓是不会相信这些是孙膑自己想的，他只想得到《孙子兵法》。

可是孙膑怕是不会将《孙子兵法》交给他。

第二章

膑刑与髡刑：魏国的就业指南

庞涓的想法比较直接，如果得不到《孙子兵法》，就必须除掉孙膑，不然日后孙膑的作为肯定会在自己之上。

庞涓开始给孙膑想罪名，魏惠王是惜才之人，恐怕只有间谍的罪名才会让魏惠王除去孙膑。

但是让魏惠王相信孙膑是间谍这事也需要有明确的证据。

其实在魏惠王提议让孙膑来的时候，庞涓便已经打了伏笔：孙膑是齐国人。

这种间谍之罪的证据也好准备，无非就是书信。

庞涓与孙膑同窗数年，庞涓也是有些才能的人，仿写笔迹应该是没有问题，就算不会仿写，孙膑又居住在他那里，弄来些书信也不是不可以。

不过几日，庞涓便找了个机会私下拜见魏惠王，让左右侍从退下，然后将准备好的伪书呈上。

庞涓沉声说："大王，孙膑果然有背叛大魏投靠齐国的想法，最近已经私下联系齐国使者了。这就是孙膑给齐国使者的书信，臣将使者拦截，搜身得到了这封信。"

上书："我现在虽在魏国出仕，但是心里想的是齐国，如果齐王不嫌弃我，以后我还是会回到齐国，全力助齐王。"

魏惠王看后说："孙膑心在齐国，是因为我现在还没有重用他，他不能发挥自己的才华吗？"

庞涓想了想，回道："孙膑的先祖孙武子曾经为吴王的大将军，可是后来他的子嗣仍然回到齐国。故土之情谁能忘记呢？就算大王重用孙膑，可是孙膑心中想着齐国，肯定不会为大魏尽力。更何况孙膑的才能不比我差，如果将来齐国与咱们大魏争霸……那孙膑肯定会成为大王的心腹之患，不如……杀了他。"

庞涓说完后仔细打量魏惠王的神情，他这话说得十分有技巧，先用孙武举例子，最后又说争霸。

这些因素都是魏惠王在意的。

果然，魏惠王神情上有了松动，迟疑地说："是我将孙膑召来的，如今罪状只有这封书信，孙膑并没有犯实质的错误，贸然杀死，怕是天下人会议论我不爱惜人才。"

庞涓早就有了对策："大王果然是爱才之人，我之前也劝过孙膑，如果留下来，大王肯定会给他加官晋爵，可是孙膑还是有怨念的话……"

魏惠王听后十分生气，"那你觉得我应该怎么做呢？"

魏惠王到底是什么态度，庞涓这些日子相伴，多少能摸得清一些。

但魏惠王为了名声并不想处死孙膑。

庞涓又想到一个方案，如果孙膑残疾了，不能出仕，就会成为他的军师，他还是可以拿到《孙子兵法》，还可以留孙膑一命。

庞涓便对魏惠王道："孙膑虽然有私通齐国使者之罪，却也罪不至死，以微臣愚见，不如刖而黥之，这样孙膑终生不能回故土，既能保全他的性命，又无后患之忧，岂不两全？只是我不敢自己行动，请大王下旨。"

魏惠王慢慢地点点头，赞赏说："你这样做十分好。"

而还在庞府的孙膑，哪里知道这些，就见侍卫冲进来，将他绑住，然后有人拿着刀斧上前将他的膝盖骨剔除，又在他的脸上刺上"私通外国"四字。

孙膑这才知道魏惠王治了他私通外国的罪，然而这个时候他没有办法辩解，剧烈的疼痛使他无法忍受，孙膑晕死过去了。

对于孙膑的膑刑，大部分人说是挖去膝盖骨，也有说是将腿砍断。

膑刑又称刖刑，是断足或砍去犯人膝盖骨的刑罚，实际上分为几种类型。膑辟：断足的酷刑；膑脚：砍去膝盖骨及以下的酷刑；膑罚：剔去膝盖骨的酷刑。

孙膑具体是受的哪一种刑罚，现在并不确定，一般说是挖去膝盖骨，《史记》里称孙子膑脚，所以也有可能是直接砍去了膝盖骨以下的部位，不过可以肯定的是，孙膑腿部受到刑罚，无法站立。

等到孙膑醒来就见庞涓在一旁哭泣，庞涓已经为他找到大夫治疗，又劝他道："不如日后你就在我身边吧，这样你的才能也不会白白浪费。"

这个时候孙膑也察觉出庞涓的不怀好意了。

他来到魏国并没有做过什么私通齐国的事，定然是有人诬陷，能拿到他手书的就只有庞涓一人。

也只有庞涓向魏惠王举报，魏惠王才会相信。

他也不曾得罪过什么人，唯一的可能就是他的存在对庞涓造成了威胁。

之前的种种回忆起来，孙膑明白自己是被庞涓骗了。

兵不厌诈，可是他也不曾将庞涓当过敌人。

庞涓也不愧是鬼谷子的徒弟，在玩弄人心上，也是很厉害的。

然而孙膑本来也不是普通人，他的兵法厉害，揣摩人心的功夫也不差。

庞涓为什么要对他单单用膑刑呢？如果砍掉双手，他就无法写兵书；如果割掉舌头，他就不能说出内容。

因为受了膑刑，他现在无法站起来，他就只能仰视庞涓，也满足了庞涓的自尊心。

他以后无法出仕，要想发挥自己的才能，只能在庞涓身旁当谋士。

庞涓果然是心狠手辣。

这个时候，孙膑迅速地调整自己的状态，无论如何，也不能在庞涓身旁，更不会成为他的谋士，为今之计只有装疯卖傻，削弱庞涓的警戒心。

想当初越王勾践，也是卧薪尝胆，才能复国。

而在《孙子兵法》十三篇中的《虚实》篇中也有一句话：形兵之极，至于无形；无形，则深间不能窥，智者不能谋。

形有形迹的意思，这话的意思是，最好的"形"是"无形"，诱敌的方法运用得极其巧妙时，不会有一点儿破绽。这样的话就没有人能窥探对方的虚实，也没有人能想出对付对方的办法，哪怕是很厉害的间谍和智慧高超的敌手也不可以。

现在对于孙膑来说，最好的"形"就是按照庞涓的逻辑走下去，这等屈辱，如果是普通人，恐怕会疯魔。

庞涓骗了他，他同样也可以骗过庞涓。

当天晚上，他又哭又笑，口中大骂不止，看似疯了。第二天，庞涓过来探看真假，只见孙膑满身污泥，趴在地上大笑，又忽然大哭。

庞涓询问："你为何笑又为何哭？"

孙膑说："我笑魏王要杀我，但是我有十万天兵助我，他能怎么样我？我哭魏国没有我这样的人，没有人能做大将军！"

这些话并不符合孙膑的性格，倒真像是疯了才会说的话。

庞涓见孙膑一直哭哭笑笑的，便离开了，心中还是不确定孙膑是否疯了，又故意试探几回，孙膑都佯装疯狂。

庞涓终于相信孙膑是真的疯了，不足为虑，心中也可惜无法得到《孙子兵法》，但其他人也同样得不到。

庞涓素来小心，就算相信孙膑疯了，之后不再管孙膑，任孙膑出入自由，也依然让人暗中观察孙膑到底去何处，又做了什么事。

孙膑之后就混在市井之间，随意露宿街头，有的时候很正常，有的时候会号啕大哭，又有的时候大骂魏王，外面的人也都认得他了，因为他受过膑刑，就称他为孙膑。

孙膑也要记住这件事，告诫自己要看清人心，以后便以孙膑为姓名。

而孙膑也因为膑刑，又多了两个传说。

他为了保护受到伤害的膝盖，就用兽皮裹缠膝部，但是带毛的原皮非常硬，经常磨得膝部疼，孙膑就将皮子去毛并加工柔软，这样用起来舒服，缝制也方便。因此也就有了皮革业，孙膑

成了皮革业的祖师爷，甚至现在有的地方还供奉着皮匠祖师孙膑的塑像。

又因为制作了第一双过膝皮靴，后世的靴匠就把孙膑尊为制靴业的祖师爷。后来鞋匠们农历十月初一祭祀祖师爷，在旧时北京的鞋靴业的人们还在正月二十八日举行祭祀孙膑的活动。

这两个传说倒是比之前的烧炭业和豆腐神靠谱一些，虽然孙膑的腿受了伤，但他本身也聪明多变，他成为皮革业和鞋靴业的祖师爷也是说得过去的。

孙膑装疯卖傻的演技十分成功，市井上所有人都以为他疯了，传的人也越来越多。

这也是孙膑的目的，一来让庞涓认为自己真疯了，不再关注自己，可是就算孙膑残疾，离开魏国也很难去其他地方，更何况庞涓也不会让他离开。

另外一个目的，他希望自己疯了的消息传到其他国去，让更多的人知道。

在《史记》上，孙膑怎么离开的魏国并没有详细记载。

有说是齐国使者来到魏国，孙膑与其联系上，也有说是齐国田忌知道孙膑的情况后，派人与孙膑联系。

不管哪种说法，最后都是孙膑投靠了田忌。

田忌（生卒年不详），妫姓，田氏，名忌，字子期，陈郡

（今河南淮阳县）人。战国时期齐国有名的大将军，封地于徐州（今山东滕州市），又称徐州子期。

田这个姓氏，是齐国诸侯一族，或许可能还和孙膑是同族。

田忌知道孙膑受刑的消息，马上进谏齐威王（前378年—前320年）："孙膑是我国有才能的人，怎么能在别的国家受辱？万万不可！"

齐威王更是爱惜人才："那寡人向魏国发兵，将孙膑迎接回来，如何？"

田忌想了下，摇摇头，"庞涓容不得孙膑在魏国出仕，又怎么能容得下他在齐国呢？"顿了下，又说，"如果要让孙膑来到齐国，还是要秘密地请他回来，才是万全之策。"

齐威王赞同田忌的计谋，便让自己的客卿淳于髡（kūn）以送贡茶的名义去魏国，然后将孙膑接回来。

淳于髡（约前386年—前310年）这人也是十分的传奇，他是齐国黄县（今山东省龙口市）人，齐威王拜其为政卿大夫。

然而他出身卑贱，是齐国的赘婿。齐国有家中长女不出嫁的风俗，他们认为长女要留在家里主持祭祀，否则不利于家运。那么长女想成亲就只能招赘，而除了经济条件不好的人，很少有人会入赘。可见当时淳于髡的出身有多不好了。

并且他的外在条件也很一般，《史记·滑稽列传》记载：淳于髡者，齐之赘婿也，长不满七尺。古代的一尺合今 23.1cm，那不满七尺，就是身高不到一米六，甚至更矮。

他却成为战国时期齐国的政治家、思想家。

淳于髡滑稽多辩，曾数度作为使者周旋在各诸侯国之间，不曾让齐国受辱，不负君命。

所谓的滑稽，并非我们现在理解的滑稽，当时是指言辞流利、思维敏捷之意。而《史记·滑稽列传》就是记录这一类型人物，他们"不流世俗，不争势利"，又有"谈言微中，亦可以解纷"的进谏才能。

而关于淳于髡的故事有很多，其中最能体现淳于髡性情人品的是他出使楚国却丢了礼物的事。

当时齐王特意让淳于髡带了一只鹄作为礼物赠送给楚王。结果淳于髡刚出城门，鹄就飞了。

淳于髡并不害怕担心，还是提着空鸟笼去拜见楚王，并对楚王说："齐王派我来向大王献鹄，我从水上经过的时候不忍心鸟儿饥渴，就把它放出来喝水，谁知它竟然飞走了。我最先想要以死谢罪，可是又担心别人议论大王，说大王为了鸟兽让士人自杀。后来我又想可以买一个相似的鸟儿来代替，但是我不愿意欺骗大王。最后想要逃到别的国家去，又担心齐、楚两国因此断绝关系。所以我还是前来服罪，向大王叩头，请求责罚。"

这话说得十分巧妙，"不忍鸟儿饥渴"说明他的仁，"以死谢罪"说明他的勇，"不想别人议论楚王"说明他的忠，"不想欺骗楚王"说明他的信，"担心两国断绝关系"说明他的义，"愿意服罪"说明他的诚。

后来楚王与齐王都没有怪罪他，反而赞赏了他。

而实际上，淳于髡最喜欢和别人辩论，按照现在的说法，就是有点"杠精"了，就连儒家亚圣孟子都受不住他的"杠"。

据说，至今临淄都流传着这样的民谣：孟子遇见淳于髡，吓不死也发昏。

而在《孟子》里也记录了两则这样的故事。

就说孟子在齐国的时候，淳于髡拜访他："请问先生，男女之间授受不亲，是礼制所规定的吧？"

孟子这个时候还不知道淳于髡的目的，便老老实实地回答："当然是的。"

淳于髡正中下怀，继续问："那假如你弟弟看到你老婆掉水里了，是救还是不救呢？"

孟子很生气，心想这个淳于髡真是胡说八道，便道："如果嫂嫂溺水了都不去救，那就连鸡狗都不如！"

不过孟子说完后就察觉到这违背了之前说的礼制，忙补充道："男女授受不亲的确是礼制，但救嫂子是权宜之计啊。"

淳于髡听后却嘲讽道："那如今天下黎民生活在水深火热中，你不去伸手救，是为什么呢？"

听听这话问的，这不就是"杠"吗？

然而孟子却不再生气，冷静下来："授之以道才可以救天下黎民。老婆掉水里确实拉一把就可以救。可是天下人要让我用一只手去救吗？"

虽然淳于髡这次辩论看起来是"输"了，但是也明白孟子是圣人，他的作用是教化，传播思想改变众人，而不是一个一个地去救。

再后来，孟子离开齐国要去他处，淳于髡又来找他"杠"了："你身处三卿的高位，却不辅佐君王，又不救济百姓，说走就走，原来'仁者'就是这样的吗？你不过就是为了自己的名望！"

孟子举了几个例子回道："伯夷、伊尹、柳下惠都是公认的仁者，但是人生道路不同：伯夷是身居下位，但不以自己的才华侍奉不成器的君主这类人。伊尹是五次投到商汤门下，又五次投到夏桀门下的这类人。柳下惠则是不厌恶昏庸的君主，也不推辞小官之位的人。君子的目标只要是仁就可以，何必需要过程是完全一样的呢？"

然而淳于髡却很不赞同，他用历史来回击："鲁缪公的时候，虽然有子柳、子思这样的贤能者做大臣，可是鲁国还是很快败落了。那么，在这样的情况下贤能者对于国家有什么益处呢？"

孟子也举了个例子："可是虞国当年不用百里奚就灭亡了，而秦穆公重用百里奚之后就成就霸业。不用贤能就灭亡，有了贤能却不会任用，自然就会被削弱！"

而淳于髡则认为有本事的人必然会展示出来，但是他没有见过，所以认为是没有贤者的。

孟子则以孔子离开鲁国为例子，说君子的所作所为，本来一般人就很难认识到。

淳于髡看起来似乎是在刁难孟子，其实他也是在阐述自己的观点，他主张守礼有度而不拘泥。

言之有物，并不能说就是杠精，而且他并不像庞涓那般嫉妒贤能，物以聚类这个成语也出自他口中。

后来，齐威王的儿子齐宣王登基，齐宣王求贤时，淳于髡一天内推荐了七名贤士，齐宣王虽然高兴，可是又觉得有些怀疑，贤士这么快能找到吗？世上的贤人多得可以脚跟挨着脚跟向你走来？

淳于髡笑着解释，便说了那个成语，人以群分、物以类聚。他向来与贤士为友，个个都是德性高尚、才智非凡的人！

这样一个聪敏的人，淳于髡去做带回孙膑的人，是最合适不

过的，于是他接受了齐王的任务，做好准备，押着茶车，捧了国书，一路来到魏国。

淳于髡到魏国都城见到魏惠王，恭敬地送上贡茶。魏惠王没有察觉出他有其他意图，收下贡茶，便派人送淳于髡去馆驿休息。

淳于髡的马车路上见到孙膑发狂，并没有与之交谈，等到半夜的时候，淳于髡私下去见孙膑。

孙膑并不理会淳于髡。

淳于髡表明自己的身份："我是齐人淳于髡，来这里并非是为了贡茶，齐王与田忌得知你被魏王冤枉，齐王十分倾慕你的才华，希望你能与我回齐国，为你报仇。"

孙膑知道淳于髡，"髡"与"膑"一样，也是一种刑法，不过是对人侮辱性的惩罚，把头顶周围的头发剃掉。

倒是与孙膑同病相怜。

除此之外，孙膑也无地可去，要想报仇，回自己的故乡是最好的。不是说他私通齐国吗？那他不能白白担了这个罪名。

此时齐威王才继位不久，齐威王的父亲是田齐桓公，田齐桓公那时没有成为"王"，是因为姜齐还存在。

齐侯田和是齐威王的祖父，魏文侯是魏惠王的祖父。

到了齐威王这里，齐威王刚继位的时候，这一年，姜齐的齐康公去世，断绝了后代，封地才都归田氏所有。

田齐接管齐国，可以说没有发动大型战争，只是政权朝堂上的倾轧。

大概说来就是：

【春秋】姜齐→【战国】田氏专政→【战国中期】立齐相田和为诸侯，田齐→子齐桓公→齐威王……

孙膑本就是齐国人，就算是不能行走，齐国自然是可以接纳的。

孙膑点头应下。

淳于髡问道："既然如此，不知道孙卿是否有离开魏国的计策？"

孙膑隐于市井中，心中早就想过许多离开的方法，但是都没有可信之人，现在有淳于髡与他的侍从协助，自然有办法。

如此这般，两人定好计策，约定离开的时间与地点。

之后淳于髡应对完魏惠王，趁着夜晚将孙膑藏在车中，又按照孙膑所说，让侍从穿了孙膑的衣服，并披头散发，以泥土涂面，装作孙膑模样在街头，经过孙膑这么长时间的装疯卖傻，没有人发现孙膑已经换了人。

这恰好就与金蝉脱壳有异曲同工之妙。

待到淳于髡一行人到了安全的地方，侍从才脱身离开魏国。

等到有人发现孙膑不在了，也已经过了好几天，在孙膑经常待的地方，就只剩下了一团破烂衣服。

庞涓知道后，怀疑孙膑可能投井自杀了，让人去找孙膑的尸体，但是没有找到，又连夜去寻找孙膑，但是没有孙膑的人影。

庞涓担心魏王责怪，就让身边的人说孙膑溺死了，虽然如此，但是庞涓也没有怀疑孙膑已经去投奔齐国了。

这也是孙膑了解庞涓才这样做的，庞涓刚愎自用，必然不会告诉魏惠王自己消失了，而且庞涓必然会认为自己已自杀。

其实纵观下来，能成为鬼谷子的徒弟，庞涓心智理应不比孙膑差，然而庞涓心高气傲、心胸狭隘，或许庞涓认为鬼谷子教学的时候对自己有保留，对孙膑则更关注，甚至觉得孙膑比自己晚三年下山，都是鬼谷子在私下教导孙膑，因此对孙膑十分嫉妒，才出现了之后对孙膑的迫害。

而在魏国的这段时间，对孙膑后期出仕、提出新兵法都有不小影响。

在中国哲学发展史中，春秋战国时期的文化区域被划分为荆楚文化、三晋文化、邹鲁文化、燕齐文化。

荆楚文化是以楚国和楚人命名，主要发祥地是今湖北。邹鲁文化主要在今山东，是儒的主要延续地。燕齐文化则是以燕国、齐国的文化为主。三晋文化便是赵、魏、韩三国的文化。

他们各自都有自己的文化特点。

三晋地区主要是法家的发源地。

先解释一下法家到底是什么。它同纵横家、阴阳家一样都是诸子百家中的一家。顾名思义，法，法律法令，以法治国。

代表人物有在魏国变法的李悝、在楚国变法的吴起，以及在秦国变法的商鞅。李悝是魏国人，吴起和商鞅是卫国人，后来卫国被魏国灭国，归为魏国。

以法治国十五年的申不害，造就韩国一时间的崛起，国治兵强。韩国大思想家韩非，是法家思想的集大成者。

还有赵国人慎到，主张法治。先秦著名思想家荀子，也是赵国人，他援法入儒，批判地继承和改造了儒家关于王道和礼治的思想。

这些有名的法家人物大多是来自三晋。

在孙膑身上也可以看到魏国"法"的实行情况，"以法刑断其两足而黥之"，"以法"应该也是庞涓没有杀死孙膑的原因。

法家思想也在孙膑的思想上有了些影响，《孙膑兵法》中就有两篇是与法家思想有关的。

一、孙膑兵法·杀士

这一篇是讲"肯为将帅拼死效命的士兵",原文残缺严重,只留下标题和两小段残缺不全的文字。

大体意思是,怎么激励士兵为将帅效死。需要"明爵禄"与"明赏罚",明爵禄就是要事先明确颁示赏赐官职的等级和财物的数量。法家讲究赏罚分明,"赏"是激励士兵效死,而"罚"则是立威正乱。

二、孙膑兵法·行篡

篡同选,内容也与法家思想有一定的关系。如果说《杀士》说的主要是赏罚,那么《行篡》说的则是法家思想中的义利观。

孙膑说:"用兵移民之道,权衡也。权衡,所以篡贤取良也。"移民之道是说动用民力去作战。

篡贤取良是选拔出真正品德高尚有才能的人。

开篇就直接提到了"移民之道"重在权衡"篡贤取良"的重要性。

接下来就在说用兵作战的基本保障,民力、私人和公有财务的安排。

不断检查安排资源调配可以让作战维持正常运作，这样在作战供应上可以做到无尽。需要注意，私人和公有的财物要统一安排使用，不能有区别。

民众之中，有人财物多却贪生怕死，有人财物少却不怕死。要把这些人聚集起来，齐心合力去抗击敌人，才可以胜利。

只有明智的君王和贤明的将领，才能正确处理这些，只有适当动用民力，才不会招致牺牲生命的人怨恨，而被征用财物的人也不会生气。

动用民力时必须大公无私，不论亲疏远近，一视同仁，如果连亲近的人都不肯尽力，那就更不可能让别人尽力了。

如果消耗人民的财物过多，就会引起民众对君王的不满情绪。全国人民拥护的君主通常是征用人民的财物比较少的郡主。所以我主张让人民积累财物，也就是休养生息，人民的财物越多，就越保证长时间用兵作战也不会引起人民的不满。

这篇是说用兵与"移民之道"、私与公的平衡。法家强调"不别亲疏，不殊贵贱，一断于法"，《孙膑兵法》是一部兵书，其中是必须要有法家的思想，然而法家思想过于严苛，也需要有墨家的仁爱思想进行调和。

《行篡》中说如果征用财物过多，就会伤害民众，便是墨家仁爱的体现。

三晋文化中除去法家思想，还有兵家思想也很活跃。兵家也是诸子百家之一，当然集大成者自然是孙膑的先辈孙武，不过三晋也有许多优秀的兵家人物，比如吴起、尉缭，赵将廉颇、赵奢等。

后来还出了一个名载史册的厉害人物，赵武灵王，他把"博衣大带"的华夏服饰改为上衣下裤的"胡服"；废除传统的车战和步战，改用"骑射"。

这一壮举可以说是对整个中华文化都有重大意义，相对于作战方法，这个更倾向于器械上的改革。

虽然赵武灵王这一壮举是在孙膑死后才出现的，但是也可以证明三晋文化中兵学思想的活跃性。

而在《孙膑兵法》中则有一篇关于把兵器作为比喻的文章。

三、孙膑兵法·势备

确切地说以剑、弓弩、舟车、长兵为比喻，说明阵、势、变、权四者在军事上的重要作用，写得十分生动有趣。

孙膑先用野兽举例，所有野兽嘴里都有利齿、头上有角、前有爪，它们高兴时聚集成群，怒而斗，这是自然规律，没有人能制止的。

虽然人没有利齿、角、爪那样天生的武器，却可以制造，古时圣人就是这样做的。

黄帝制造了剑，而兵阵的作用就像剑一样。

军队就和剑每天早晚都佩戴在身上但不一定使用一样，要随时保持阵形，但不一定作战。

就算剑技高超的人也不能使用一把没有柄的剑去杀敌，剑柄就如同军队的前锋，没有前锋就不能去攻击敌军。一个没有用剑技巧的人用一把没有柄的剑去杀敌，也是不可能杀敌的。没有用剑技巧就如同军阵没有后卫，这样做是完全不懂用兵的道理。所以只有军阵有前锋又有后卫，而且二者协调一致，保持稳定，敌军才会必定败走。

后羿制作弓弩，而兵势就要像弓弩发射一样，一往无前。

弓弩是从肩和胸部之间发射出去的，可以杀死远处的敌人，而敌人不知弓弩是从哪里射来的。所以说，兵势要像弓弩一样，在敌军尚不知道己方情况时就已经给予对方打击了。

夏禹制作的舟车，而用兵的变化也正像舟车灵活多变一般。

商汤、周武王制造了长兵器，兵权就要像用长兵器一般紧握在手。

以上兵阵、兵势、用兵的变化、兵权都是用兵的根本。懂得这四项，才能用来打败强敌，捉拿猛将。

这些是三晋文化对孙膑的影响。

然而庞涓害孙膑看起来是孙膑与庞涓两人的争斗，其实从大局看，这也是魏国人才流失的开始，甚至与最后的衰亡都有关系。

在最初，魏惠王祖父魏文侯执政时期，三家刚刚分晋，魏国有晋国的底蕴，魏文侯又是个明君，吴起西争秦国、李悝变法依法治国等使得魏国在战国初期成了霸主。

这是因为他任用许多优秀人才，可是这却没有能维持住，后期人才的流失渐渐地让魏国衰落，被说成私通外国然后被逼走的并不只有孙膑。

前文多次提到过为魏国做过巨大贡献的吴起也是这样被逼走的。

吴起（前 440 年—前 381 年），卫国左氏（今山东省菏泽市定陶区西）人。

吴起的经历也比较波折，他曾经在曾子门下学儒学，先是在鲁国出仕，当时鲁国君主想让吴起当将军，但是因为吴起的妻子是齐国人，鲁君不信任他，吴起为了功成名就就杀了妻子，最后成为大将军，将齐军打败。但是也因为这样被人说残忍，鲁君也因此疏远他。

然后吴起"闻魏文侯贤，欲事之"，来到魏国跟随魏文侯，魏文侯知道这人善带兵打仗就封他为大将军。果然将秦国打败，扩展了魏国的疆域将近一倍。

而吴起做大将军的时候，和最下等的士兵穿一样的衣服吃一样的伙食，不论睡觉还是行军都与士兵们同甘共苦，也因此得到了士兵们的敬爱。魏国武卒便是他创立的，因此得到魏文侯的重用。

等到魏文侯死后，即位的是魏武侯，吴起渐渐地不受待见了。

即使这样他还是向魏武侯提出了国家政权的稳固"在德不在险"——在于施德于民，而不在于地理形势的险要。

可就是这样，魏武侯还是渐渐地不信任吴起了。

原因是因为当时的魏国相国公叔痤（不详—前361年），他娶的是魏武侯的女儿，虽然地位很高，但是十分畏惧忌惮吴起，担心有吴起在自己会被夺权，便对魏武侯说："吴起这么有才能，我担心吴起没有长期留在魏国的想法。"

魏武侯听后不知道该怎么办。公孙痤出了个主意："可以用下嫁公主的办法试探他，如果他想留在魏国，肯定会娶公主的。如果没有留在魏国的心意，就会拒绝。这样就知道他的心意了。"

之后公叔痤就邀请吴起去自己家，公叔痤故意让公主也就是自己的妻子发怒，当着吴起的面侮辱自己。

之后魏武侯想要将女儿嫁给吴起，吴起想到公叔痤的妻子如此蔑视相国，也不敢娶其他公主，便拒绝了。

魏武侯因此怀疑吴起的忠诚。吴起怕招来灾祸，干脆真的离开魏国，随即就到楚国去了。

从这一点上来看，吴起就要比孙膑更加了解人性，善于躲避灾祸。

而当时的楚国国君楚悼王听说吴起贤能后，就任命他为国相。

吴起开始大刀阔斧地改革，先是淘汰并裁减无关紧要的官员，然后停止给部分贵族的按例供给，将这些钱财来抚养战士。很快在楚国干出一番大事业，楚国日渐强盛起来。

吴起在魏国的"求职"精力几乎与孙膑如出一辙，而吴起也是魏国流失的第一个顶尖级人才。

魏国流失的第二个人才，就是大名鼎鼎的商鞅。

商鞅（约前390年—前338年），姓公孙，名鞅，战国时期法家代表人物。与吴起一样，是卫国人，他还是卫国国君的后裔，后来到魏国成为相国公叔痤手下的一名谋臣。

公叔痤知道他的才能出众，临终前极力向魏惠王推荐商鞅："公孙鞅虽然年少，但是十分有才华，希望大王能把国政交给他，听他的建议。"然而魏惠王没有说什么，公叔痤看出魏惠王似乎不乐意，又对魏惠王说，如果不重用他就杀掉他，不要让他去别的国家。

然而魏惠王只是应付了事，离开后，和身边的人说："相国果然病很严重，太让人悲哀了，没想到他居然想要我把国政全部交给一个年轻的谋臣掌管，是不是病糊涂了？"魏惠王既没用他，也没杀他。

这个相国公叔痤就是前面挑唆魏武侯赶走吴起的人，公叔痤不是不知道吴起的厉害，但是还是将人赶走，而且他偏偏到自己病重的时候才把商鞅推荐给魏惠王。

可见这个人利己心思太重。

之后在秦国招纳贤才的时候，商鞅便去了秦国，三见秦孝公，最后秦孝公被他的"强国之术"所说服，任用商鞅实行变法，秦国崛起。

魏惠王错过了商鞅，也错过了孙膑，可见魏惠王识人能力并不怎么样。

但是魏惠王依然不断地在各国重金招纳贤才。这个时候齐威王去世，他的儿子齐宣王刚刚继位，齐宣王贪欲酒色不重视人才，前面说过的淳于髡也来到了魏国。

淳于髡这个人的能力咱们前面已经说过了，然而魏惠王也没有把握住。

在魏惠王两次接见淳于髡的时候，淳于髡都不说话，魏惠王十分不解，后来还是有人告诉魏惠王，淳于髡善于"诚意观色"，他察觉魏惠王心思没有在自己身上，一直在思考打猎游玩娱乐之类的事。

魏惠王听后十分惊讶，没想到淳于髡看出来了，他第一次接见淳于髡时，正好有人敬献一匹好马，第二次则是因为有人献上舞姬，所以他两次都心不在焉。

魏惠王感叹淳于髡是个能人，第三次接见了他，两人谈了三天三夜也没有疲倦。

魏惠王想任用他为相国，但是淳于髡不知道是看透魏惠王的人品还是对齐国念旧情，他拒绝了，即使后来魏惠王对他十分好，他也没有在魏国做官。

在这里魏惠王也遇见了一个人才，甚至这个人才有意来魏国，也因为魏惠王自己的缘故错过了。

这可能只是魏惠王自己的问题，或许他的子孙会好些？又或者如果是本国的人才会不会就被信任？

然而也并没有。

在孙膑之后又有范雎（jū）。范雎出生应该是在孙膑之后，没有确切的时间，也是魏国人，被驱逐的方式与孙膑有些相似，都是被折辱之后离开的魏国。

范雎（不详—前255年），字叔，著名政治家、军事谋略家，著名的"远交近攻"战略就是他提出与倡导的。

他曾周游列国希望有国君能赏识自己，但是没有成功，只能回到魏国谋生，在一个名叫须贾的小官手底下当门客。

有一次，他跟随须贾出使到齐国办事，在齐国，当时的国君齐襄王对须贾十分不客气，指责魏国言而无信，还说先王的死与魏国有关系。

须贾惧怕齐襄王，无言以对。

这个时候须贾身后的范雎站了出来，义正词严地将齐襄王怒斥了回去："先王齐闵王骄傲自大，贪图享乐，其他国家也都不喜他。如今大王盖世武功，应该想着怎样重振当初辉煌，而不是计较先王的恩怨。只知道责怪其他人不知道自责，怕是要重蹈齐闵王的覆辙了。"

齐襄王听后觉得范雎是个人才，才思敏捷，想要招揽他，范雎拒绝了，这样齐襄王越发觉得范雎是个人才，便赏赐他黄金十斤与牛肉和酒等物。范雎不敢要，但是齐襄王还是坚持赏赐。

范雎便把这事告诉了须贾，须贾让范雎退还钱留下其他物品，范雎并不觉有异，按照须贾说的做了。

谁知道回到魏国之后，须贾又恼怒又嫉妒范雎，便将这件事告诉了当时的相国魏齐，说范雎出卖魏国收受贿赂。

魏齐听了后大怒，认定范雎出卖情报，就命令身旁的侍从鞭答范雎，打得范雎肋骨断了，差点儿死掉。

范雎晕死过去，魏齐就派人用席子把他卷了卷，扔在厕所里。又让宴饮的宾客轮番往范雎身上撒尿，故意污辱他，借以惩一儆百。

这里与孙膑的装疯卖傻颇为相似。

之后范雎对守卫说："我伤得这么严重，虽然现在醒了，但是活不过今晚了，你如果现在送我离开，能让我死在家中，我给你重金酬谢。"守卫见他可怜，便谎称他死了，之后将人送出去。

范雎改名张禄，在别人的帮助下去了秦国，之后受到了秦昭王的重用，改变了秦国外交，主张远交近攻。他也是历史上第一个明确提出远交近攻的人，为秦统一六国奠定了重要基础。

范雎虽然是魏国人，但还是因为小人的妒忌，与孙膑一样被辱，然后离开了魏国。

还有名将乐毅，也是魏昭王执政时期的人才，可是也没有被重用，最后受到燕昭王的重用。

在之后，就是本国的公子信陵君也被猜忌。

信陵君魏无忌（？—前243年），魏昭王之子，魏国著名的政治家、军事家，也是战国四公子之一，比春申君黄歇、孟尝君田文、平原君赵胜更有才华。

公元前 277 年，魏昭王去世，魏无忌的哥哥魏安釐王继位，魏安釐王封他在信陵（今河南省宁陵县），因此魏无忌也被称为信陵君。

信陵君为人宽厚，礼贤下士，门下三千食客，甚至有食客能深入到赵国，得知赵王的行踪。

一次魏安釐王与信陵君下棋，这时传来警报，说赵国发兵进入魏国边境。

魏安釐王马上就要召集大臣商议对策。

信陵君却说："不过是赵王打猎罢了。"

不一会儿传来消息，果然是赵王打猎，魏安釐王因此惧怕信陵君篡位，不敢任用他参与政事。

关于信陵君，最有名的一件事就是"窃符救赵"。公元前 257 年，秦国包围了赵国都城邯郸，赵国情况十分危急，魏赵两国结盟，而且赵国相国的妻子是信陵君的姐姐，她多次写信给魏安釐王和信陵君求救，希望魏国能援助赵国。

魏安釐王便派将军晋鄙领兵援助赵国。

而秦国君主秦昭王知道后，派使者对魏安釐王说："我早晚都要打下赵国，如果谁帮赵国，等打下赵国之后就第一个讨伐他。"

魏安釐王听后惧怕秦国，不敢出兵救赵，信陵君多次建议救赵都被魏安釐王拒绝。

情急之下，信陵君以国家利益为重，置生死于度外，便打算自己筹集人马去救赵。最后还是听取侯嬴的计策，找到曾经帮助过的魏王姬妾如姬，让她帮忙偷取魏国的兵符。

信陵君得到兵符，就相当于夺取了魏国兵权，假称安釐王的命令，晋鄙因不从被杀，信陵君代替晋鄙为将，自己接管了军队。之后打退了秦军，成功救下赵国，巩固了魏国在当时的地位。

也是因为这件事，信陵君一直没有回魏国，只与门客留在赵国，一住就是十几年。

然而秦国这段时间恢复元气后，趁着信陵君不在魏国，一直攻击魏国，魏安釐王没有办法，只能召信陵君回来。

信陵君纠结了些日子，最终为了自己的国家回到魏国，成为魏国军队最高将领。

公元前 247 年，信陵君派使者向各诸侯国求援，各国得知他担任了上将军，都纷纷派兵救魏。信陵君率领五个诸侯国的联军大败秦军，秦军不敢再出关。信陵君的声威震动了天下。

之后各诸侯国进献兵法给信陵君，信陵君把它们合在一起，世上俗称《魏公子兵法》。可惜的是《魏公子兵法》也失传了，或许有一天会出现第二个银雀山墓。

如此一来，秦王更加忌惮信陵君，就派人花重金去魏国离间魏安釐王与信陵君，让人在魏安釐王面前说："信陵君在外十几年，一回来就担任魏国大将军，还指挥诸侯国的将领，大家都知道他的威名，还以为魏国只有信陵君，哪里还知道您这个魏王的存在。信陵君打算趁这个机会称王，诸侯们因惧怕他，也没有人反对。"

秦国还故意让人向信陵君祝贺他已成魏王。魏安釐王总是听到这些，也不免相信，更何况信陵君此时威望过盛，因此他免去了信陵君大将军的职务。

自此，信陵君心灰意冷，不再理会魏国的朝政，每日只是饮酒玩耍。

公元前243年，信陵君去世，消息传到秦国，秦国立刻出兵攻打魏国，一连攻下魏国二十余座城池。

信陵君如此结局实在是令人惋惜，其实最令人惋惜的还是魏国，魏国错过的人才实在太多了，比如乐毅、张仪等。

这些人中信陵君是魏国公子，也在赵国住了十几年，只是因为是魏国贵族的原因，不曾效力其他国家，其他几人都离开魏国，到了其他国家，可以说是魏国输出了人才。

纵观魏国人才的就业情况，除了第一代国君魏文侯真心看重人才又懂得招贤纳士外，其他的国君也不过是说说罢了。

尤其是在魏惠王在位的五十多年里，损失了孙膑这样的重量级人才，魏国又以法为重，人才所处的就业环境越来越不好，就只能被迫离开去其他的国家……

孙膑的下一任上司齐威王就十分重视人才……

第三章

田忌与赛马：课本里的那些人

孙膑跟着淳于髡离开魏国，来到齐国，就见大将军田忌已经亲自过来迎接。孙膑此时已经沐浴更衣过，见到田忌十分高兴，他终于回到自己的国家。

　　田忌欣赏孙膑，为孙膑请名医治腿，善待孙膑。与庞涓一对比，田忌便是孙膑的伯乐。

　　孙膑投桃报李，报答知遇之恩，与田忌讨论兵法，为田忌出谋划策。

　　田忌喜欢赛马，这个时候的赛马不单单只有马，确切地说是赛马车，现在因为战争规模扩大，有的时候还需要同北边的游牧民族作战。骑兵作为一个独立的兵种才刚刚兴起。

　　在之前都是战车步兵并重，只有少量的骑兵，更早之前作战则以车战为主。

　　所以这种赛马是一种军事体育，在齐国贵族中，这种赛马很常见，国君也常常一起赛马。

　　只是田忌因为自己的马匹足力不如其他人，总是输了比赛。

　　孙膑得知此事之后，与田忌一起去观看赛马，他发现其实所有的马匹足力相差得并不远，但是田忌在三场比赛中都输了。

　　孙膑想了下，私下对田忌说："将军明日再来比赛，你尽管下大赌注，我有办法让你取胜。"

　　田忌信任孙膑："如果先生能让我比胜，我就以千金与齐王一赌。"

　　提到齐王，田忌是想趁机将孙膑引荐给齐威王。

　　现在孙膑伤已经养得差不多了，可以找个机会出仕，孙膑道："将军尽管去吧。"

　　田忌便对齐王道："臣屡屡赌输，明日愿意倾尽家产一决输赢，每场都以千金来赌！"

　　齐威王听了笑着同意，第二日也来到赛场。

　　第二日，不但贵族子弟纷纷来到赛场，他们用漂亮的饰品装饰车马，就连许多百姓也来观看。

　　田忌这个时候有些担心，没想到这事闹得如此之大："先生必胜的方法是否可行，千金一场，不可儿戏呀。"

　　孙膑这个时候才说出自己的办法："通过昨天的观察，最优良的马都在齐王的马厩里，如果将军以你现有的马想取胜有点儿难。但是我有办法可以让你获胜。三场比赛，所用的马有上中下之分，最开始用您的下等马与他们的上等马比赛，这一场您会输，但是别着急，您再用上等马与他们的中等马比赛，最后用中等马与他们的下等马比赛，虽然第一场会输，但是肯定会胜利两

场。"

田忌听后，忍不住说："此计甚妙！"

于是将装饰上等马的饰物放在下等马身上，伪装成上等马，与齐威王赛第一场，因为相差甚远，所以田忌第一场输了一千金。

齐威王大笑。

田忌则不紧不慢地说："还有两场呢，若是臣全部都输了，大王再笑臣也不晚。"

等到第二场和第三场结束后，田忌的马果然都胜利了。

田忌上前对齐威王道："今天我能取胜，并非是我的马更好，而是孙膑教我的。"

之后田忌便将其中的原理说给齐威王听。

齐威王感叹道："虽然只是一件小事，但是足以证明孙膑的能力。"

齐威王开始注重孙膑，赏赐无数，请孙膑入宫谈论兵法。

孙膑在齐国的职业生涯正式开始了。

这个故事就是小时候在课本上学到的《田忌赛马》，是一个用自己长处对付别人短处的计谋。

这里面也有孙膑仔细观察的原因，三种马除了齐威王的上等马较为优秀，其他的水平，两者是差不多的。

第三章　田忌与赛马：课本里的那些人

《孙子兵法·计》篇即曰："兵者，诡道也。"用兵之道在于千变万化、出其不意。

田忌赛马能赢就是一种出其不意的方法，谁也没有规定是否可以换马，也没有规定上等马就必须与上等马比赛。

在大家固化思维时，孙膑出其不意，在正确认识敌我形势的基础上做出相应的对策。

齐威王是一个能听进去劝谏的人，这其中的原因除了本身性格外，也与文化有关系。

齐文化的一个特点就是对当时各家的思想都是兼容并收的态度，这是一种开放的态度，在这种文化形成的过程中，齐国也出现过许多兼学各家的思想家。

在最初的时候，齐太公制定的经济发展方向就是开放性的，这让齐国有了比较雄厚的经济基础，为思想的发展和接纳提供了基础。

再加上齐国的政治氛围比较开明，历代君主都重视人才的作用，广开言路，把所有的人才当成宝，比魏惠王更上心。

《资治通鉴》中有一个故事，齐威王与魏惠王一起打猎，魏惠王想显示自己，便故意问齐威王："不知道大王有什么宝物吗？"

齐威王心里明白怎么回事，这是要炫耀自己的国力，于是以退为进："我没有。"

果然魏惠王开始自豪地说："我的国家虽然小，但是有十颗能照亮十二辆车子、直径一寸长的夜明珠。怎么像齐国这么大人这么多的万乘之国，难道连个宝物都没有吗？"

齐威王听了这话，毫不在意："我的宝物与你的不一样，你的夜明珠是死的，我的宝物却是活的。你的宝物可能会引出乱子，但是我的宝物能保家卫国。你的宝物有价，我的宝物无价。"

魏惠王奇怪地询问："是什么宝物这么厉害？"

齐威王笑道："我有一位叫檀子的大臣，镇守南城，楚国人不敢侵犯，泗上诸小国来朝拜我。我还有一个能臣叫盼子，镇守高唐，赵国人怕他怕得不敢来这边捕鱼。我还有个叫黔夫的贤臣，镇守徐州，燕人吓得在北门祈祷，祈求神灵保佑，并且有千余户归顺了齐国。我还有一个良臣叫种首，负责国内治安，人民夜不闭户，路不拾遗，一片太平盛世的景象。这四位大臣就是我的宝物，光照千里，根本不是能照十二乘车子的夜明珠能比！"

魏惠王听后惭羞难容。

在招纳人才上齐威王做得尤其地好，从淳于髡身上就知道，他招纳人才不在乎出身，而且也能去思考身旁人的进谏。

一次，齐威王为淳于髡顺利回国举办酒宴，要通宵达旦，酒宴中，齐威王与淳于髡闲谈说："先生喝多少酒才会醉呢？"

淳于髡回道："我喝一斗能醉，喝一石也能醉。"

齐威王笑了："你喝一斗就能醉的话，怎么还能喝一石呢？"

"如果是大王赏赐的酒，旁边是执法官，后面是御史，我心里惶恐，喝一斗就醉了。如果是在家里陪贵客，要时不时地敬酒，喝不到二斗就醉了。如果是与朋友喝酒，可以喝五六斗酒。如果是家乡的盛会，没有什么顾忌，我大概喝八斗才微微有醉意，如果这个时候天色已晚，主人留下我去送客，又有美女在一旁解开罗衫，我心里最舒适，能喝一石。"

"大王，酒极则乱，乐极生悲！万事尽然，言不可极，极之而衰。"（《滑稽列传》）就是说，享乐的追求是没有止境的，只追求享乐，会走向衰败之路。

淳于髡以此来劝谏齐威王，而齐威王也接受了他的劝谏。淳于髡得到重用，慢慢从一个只是议论国事的"上大夫"成为被重用经常出使诸侯国的重臣。

那个时候，大家都擅长用"隐语"来进谏，参与政治。

在这之前，齐国的相国也是这样进入齐威王的眼中。这个相国就是邹忌，又称驺忌子。

邹忌（约前385年—前319年），又作驺忌、驺忌子。齐国相国，侍奉过田齐桓公、威王、宣王三朝，以讽喻善谏见称。

公元前355年，驺忌子借讲琴理谈治国方法。

齐威王喜欢弹琴，驺忌子就是凭借自己高超的琴技被齐威王所喜欢，然后让他住在了自己旁边的宫室里。

没多久齐王弹琴自娱，这个时候驺忌子推门而入，夸赞齐威王："大王弹得真好听。"

结果齐威王大怒，放下琴拿起剑："你刚刚才被留下，还没有仔细听过我弹琴，怎么知道我弹得好？"

驺忌子解释道："大弦声音浑厚好像春天般温和，小弦的声音清晰清亮，大王手指控弦很紧，张开的时候很舒缓，和谐的声音，高音与低音相得益彰，音调回旋曲折而互不干扰，所以我知道您弹琴弹得好。"

齐威王听后，心里舒服了一些："你很精通音律。"

结果，驺忌子又来一句："我不仅仅懂音律，治理国家、安定人民的道理我也懂，这些都蕴含在音律之中。"

齐威王一听，又不高兴了，这是哪来的小子："要是说音律确实没有人比得上先生，但是治理国家这些，怎么会和丝竹管弦有关系呢？"

驺忌子并不害怕，继续说："大弦声音象征着国君，要浑厚好像春天般温和；小弦的声音象征着朝廷的国家大臣，要清晰清亮；控弦很紧，张开时舒缓，这象征着国家的政令松紧有度；各种声音和谐，高低相辅相成，回旋曲折而不干扰，象征着四时。

这样声音反复而不紊乱，所以政治昌盛；国君与朝臣上下前后连接沟通，是国家不会灭亡的原因。因此说琴声调和则国家安稳，治理国家、安定人民没有比五音的道理更加明白了。"

齐威王大喜："讲得好！"

因此驺忌子不过入宫三个月，便被齐威王封为相国，接受了相印。

想来这次以琴师入宫，不过是驺忌子给自己找的一个机会，他本意就是要成为相国。

但是有一个人不是很高兴的。这个人就是前面说过的淳于髡，淳于髡连孟子都敢"杠"，更何况驺忌子呢。

淳于髡此时在齐桓公田午创办的稷下学宫做先生，已经是这些稷下先生中的代表人物，大家公推淳于髡向邹忌问难。

在驺忌子接受相印的时候，淳于髡见到驺忌子说："您很会说话，我有一个愚昧的想法，希望能对您说出来。"

驺忌子知道淳于髡的身份："恭听教诲。"

淳于髡说："你要知道，侍奉君主要完备无失，身份和名声才可以昌盛；侍奉君主如果有疏忽的地方，则名声就全都没有了。"

这是让驺忌子侍奉国君时要小心周到。

驺忌子说："恭听教诲，我会把您的话谨记心中。"

淳于髡又说："用猪油涂抹在棘木车轴上，是为了让车轴润滑后转动灵活。如果轴孔是方形的，就是抹上猪油，也无法灵活转动。"

这是以轴孔比喻君主。

驺忌子说："恭听教诲，我会小心地侍奉在君主左右。"

淳于髡说："用胶粘破旧的弓杆，是为了将它们黏合在一起，然而胶不能完全把缝隙黏合起来。"

这是比喻朝臣与人民的关系，如果出现裂痕，就无法再回到之前。

驺忌子说："恭听教诲，我会紧密地依附于人民。"

淳于髡说："狐皮做的大衣即使破了，也不能用黄狗皮来修补。"

用狐皮和狗皮指君子与小人。

驺忌子说："恭听教诲，我会谨慎地挑选君子，不会让小人混杂在其中。"

淳于髡说："大车如果不校正，就不能负担起它正常的载重；琴瑟如果不把弦调准，就不能弹出和谐的音律。"

这说的就是律法准则。

驺忌子说："恭听教诲，我会认真地制定法律并督察那些狡猾的官吏。"

淳于髡说完，点点头，快步走出，到门外对自己的仆人说："这个人呀，我对他说了五句隐语，他的回答就像回声一样迅速，这个人不久一定会受到封赏。"

驺忌子如此的反应赢得了淳于髡和稷下先生们的信任，他也像淳于髡那样不久被封在下邳（今江苏省邳州市西南），号成侯。

有一个很熟悉的故事，在语文课本里也学到过，《邹忌讽齐王纳谏》，说的就是驺忌子的故事。

驺忌子知道自己与城北徐公谁美，但是妻子因为偏爱自己、妾室因为害怕自己、门客因为有求于自己，都说自己比城北徐公美。驺忌子从中悟出自己受到了这些人的蒙蔽，从而想到齐威王受到了宫妇左右、大臣、百姓的蒙蔽，比自己更严重，于是建议齐威王广开言路，齐威王听从驺忌子的建议，最终使得齐国在政治上战胜别国。

如此的言论风气与氛围，让孙膑放松下来。

一、孙膑兵法·见威王

孙膑来到齐威王的宫殿，大将军田忌也在一旁。

他拜见齐威王后，先开始阐述自己的思想，表达自己的战争观："所谓用兵之道，并没有可以依赖的永恒的有利形势。而且战争的胜负关系到国家的存亡，胜利则可以避免亡国并且让社稷世代延续下去。如果不能取得战争的胜利，就会被迫失去土地，甚至使国家灭亡。"

首先表达观点：战争的重要性，只有战争胜利才能解决问题。

"因此，用兵时要慎重认真。那些轻率用兵的人会得到失败的结果，贪图胜利的人会得到屈辱的结果。胜利不是靠贪求就能得到的，用兵作战必须做充分准备才能行动。这样，哪怕城池很小也能够坚持。"

孙膑表达第二个观点，事备而后动，一再强调主张必须有充分的准备才能用兵作战。

接下来，孙膑开始说他的第三个观点："兵力不足，但是战争力强，这是因为正义在自己一方。如果守卫的城池准备不充分，又没有正义就进行战争，那样，世上没有任何人能够固守不败，没有任何人能取得战争胜利。"

第四个观点："卒寡而兵强者，有义也。"提出了一个战争的根本原则——"义"。

孙膑之"仁义"更多的是作为一种用兵之术。

最后孙膑列举了被列为圣贤的神农、黄帝、尧、舜、商汤、周武王等人以战争统一国家，以战争除暴安良，以战争推翻暴政，建立盛世的大量事例来陈述自己的观点，只有仁义才是战争的根本原则。

确实很有说服力，令人信服。

这一段就是《孙膑兵法·见威王》的内容，孙膑陈述个人见解的方式，表达了自己对战争的宏观看法。战争是政治的一种工具，在这里我们能看到兵家在战争问题上的一贯态度，即不是为了战争而发动战争。战争本身是为了某种政治目的而进行的。战争是政治的继续。

二、孙膑兵法·威王问

这些内容都是来自银雀山汉墓竹简中，有部分字因为时间太久远已经不太清晰，无从考证。

齐威王听后表示赞同，又向孙膑询问用兵作战的方法："如果两军旗鼓相当，将领能力与阵势坚固程度都一样，导致谁也不敢先发动攻击，这该怎么办呢？"

孙膑回答道："可以先派少量的兵力去试探敌军，要做好试探失败的准备，不是以取胜为目的，试探的军队要隐蔽，一定要攻击敌阵的侧翼。这就是取得大胜的方法。"

后面孙膑又说到用兵是有规律的，齐威王又问道："如果在

我强敌方弱的情况下，该如何呢？"

孙膑听后站起来向齐威王行礼后才回答道："只有君王英明才会提出这样的问题。在我方强势的情况下还问用兵，这种精神和态度是定国安邦的根本。这种情况下，可以采用诱敌之计，叫作'赞师'，就是故意让我军队形散乱，让对方贪胜，引诱对方和我们交战。"

"那如果敌方兵多，敌强我弱，又该怎么办呢？"齐威王又问。

"那就要采取退避的战术，叫作'退威'，避开敌军的精锐部队，并且要做好后卫的掩护工作，保证自己的军队能安全后退。后退的军队拿长兵器的士兵在前面，手拿短兵器的士兵在后面，还要配合弓箭手，以防万一。之后我方按兵不动，等到敌方疲软的时候再攻击。"

"如果面对的是势均力敌的敌军，就要迷惑敌军，分散他们的注意力，然后我军寻找机会，在对方没有察觉我军意图之前，突然袭击对方。要注意的是，在对方兵力没有分散的时候，就要按兵不动。千万不要中了对方的疑兵之计，盲目出击。"

这里孙膑提出了"赞师"与"退威"来回答两军对阵时如果强弱不同该怎样做的问题。

"赞师"就是敌弱我强时引诱对方先出击，我方再与敌对战，免得敌军察觉我方兵力后撤退。"退威"是在我弱敌强时做好退避工作，然后伺机而动，是在防御中寻求胜利的机会。

这里其实就与田忌赛马中下等马与上等马比赛有些相似，田忌就是面临着"敌强我弱"的局面，之后就按照孙膑所说的"退威"，以己方最弱的下等马对战齐王最强的上等马，牺牲掉局部赛场，然后伺机而动。只是战场并不像赛马那般简单，要先刺探。

齐威王点点头，表示赞同，继续询问："如果我方和敌方的兵力是一比十的情况，有攻击对方的办法吗？"

齐威王对孙膑的回答感兴趣起来，开始假设各种情况。

孙膑回答道："有，攻其不备，出其不意，对敌方发动突然袭击。"

这一点其实与势均力敌的情况差不多，重点就在于突袭。

"那么……在交战环境和兵力都差不多的情况下，却吃了败仗，是怎么回事呢？"

"这是因为自己的军队没有锋锐。"

"怎样才能使军兵听命？"

"靠平时的威信。"

齐威王赞同说："先生说得十分好，讲的用兵的奥妙真让人受用无穷啊！"

在一旁的田忌也早就想要询问孙膑关于兵法的事了："用兵的时候最担心的是什么？怎么让敌军陷入困境？为什么不能攻占壁垒壕沟？失去天时地利人心的原因分别是什么呢？"

田忌作为作战大将军，脾气要急一些，一口气问了不少，对作战想得也更细腻一些。

孙膑却是一点儿都不着急："作战时最担忧的就是没有好的地理条件，而让敌军陷入困境的办法就是据陷；比如沼泽地会影响士兵行动。攻不下壁垒壕沟则是因为我们没有障碍物。"

田忌继续询问："如果进攻部署已经下达了，那么怎么让士兵完全听从这些命令？"

"严明军纪，同时又明确奖赏。"

"那这么说，赏与罚是用兵最重要的事吗？"

"这自然不是。赏赐可以提高士气，让士兵在作战中忘却死亡；处罚是严明军纪，让士兵服从的手段。它们有助于胜利，但是不是最主要的事。"

这里其实就与前面所说的法家思想有一定的联系了。

田忌继续追问："那么，权力、威势、谋略、诡诈是用兵最主要的事吗？"

孙膑摇摇头："也不是。权力是保证军队整体指挥的必需，威势是保证军兵用命的条件，智谋可以使敌军无从防备，诡诈能让敌军落入困境。这些都可以帮助你在用兵时取得胜利，但是都不是用兵时最重要的东西。"

田忌一听就生气了，脸色都变了："可是权力、威势、谋略、诡诈这几项都是善于用兵的将领常用的手段，而你却说这些都不是重要的。那你说，什么才是最重要的？"

孙膑不慌不忙地说："在战场上充分了解敌情，根据当时形势和战局将会出现的变化，利用好地形，这就是领兵打仗的规律。善于进攻而不消极防守，这才是用兵时取得胜利最主要的东西。"

田忌继续询问孙膑："那如果敌军摆开阵势却不进攻，有什么办法应对这种情况吗？"

孙膑说："当然有办法。不进攻是为了引诱我方先攻击，所以利用险要地形增加堡垒，并且约束士兵，不要轻举妄动，切记不要被敌军的挑衅所激怒。"

田忌问："如果是敌军士兵很多而且性情勇武凶猛，这种情况下还能战胜敌军吗？有什么办法吗？"

孙膑点头道："自然也是有的。这个时候要在城池内修筑低垒，告诉敌军我们无所畏惧，也用此来激励士气，还要广设旗帜来迷惑敌军，告诉敌军我们也有很多人。对内要严明军令，团结士兵，安抚他们，之后避开敌人的锐气，也就是'退威'，利用敌军的优势，让敌军骄傲自大，然后设法牵引敌军，使敌军疲劳倦怠，最后出其不意，攻其无备，使敌人防不胜防，同时还要做好打持久战的准备。"

田忌又问了关于阵形的问题："锥形队形是有什么用处？雁形队形又有什么用处？为什么选拔强壮的士兵？还有什么时候用弓箭手？飘风阵形怎么样？普通的士兵又为什么存在？"

由此可见田忌也是个急性子的人，一连串问了很多的问题。

孙膑水来土掩："锥形队形一定要锋利，它的用处是像利剑一般冲破敌军坚固的阵地，可以摧毁敌军的精锐部队。而雁形队形的用处是在对敌的时候便于本方相互策应。选拔强壮士兵是为了决战时拿敌军将领。如果在双方相持不下时还要持久作战，就可以使用发射强弓硬弩的士兵。飘风阵形是机动快速队形，而普通士兵则是配合作战，可以保障战斗胜利。"

在关于阵形方面，在前面的《十阵》中就有提过，可见阵形在作战中的重要作用。

孙膑又补充一句："明智的君王和精通兵法的将领，都不会用普通士兵去完成关键任务。"

这个时候田忌才对孙膑的回答满意，他是一名征战多年的将军，自然明白孙膑说得十分有道理。

回答完这些问题，孙膑才离开宫殿，他的弟子询问他："您与齐王和田将军问策的情况怎么样？"

孙膑回道："威王问了九个问题，田大将军问了七个问题，可以算懂得用兵之道，但威王、田忌还没有完全掌握战争规律。我听说，一贯讲信用的君王，其国家必然昌盛，没有做好准备而用兵的人必定失败，穷兵黩武的人必定灭亡。齐国已传了三代，应该有忧患意识啊！"

孙膑在强调指导战争的将领必须懂得用兵之道，同时掌握灵动的战略战术，而作为君王则不仅要知道兵法，还要有远大的志向。

在三人的对话中，孙膑详细地解释了用兵的一系列战略原则，有用兵时的主要战略，也有两军对垒时不同情况下取胜的战术，也有具体到领兵作战的问题，孙膑都能有问必答，而且足以解决作战所遇到的诸多疑难问题。

孙膑并不好战，但是如果一旦发生战争，孙膑主张积极主动进攻，反对消极防守。这种主动进攻是十分有效的制胜战略，可以得到先机。有句话说"进攻是最好的防守"，就与孙膑的意思一样，先发制人，常常可以收到意想不到的效果，而消极防守则是用兵布阵之中的大忌，必败无疑。

在回答田忌的时候，孙膑说了选择强壮士兵的用处，以及普通士兵的作用，而关于怎么选择士兵，孙膑也在《孙膑兵法·篡卒》中有介绍。

三、孙膑兵法·篡卒

孙子曰："兵之胜在于篡卒，其勇在于制，其巧在于势，其利在于信，其德在于道，其富在于亟归，其强在于休民，其伤在于数战。"

这句话的意思是在用兵作战中取得胜利的重点在挑选士兵上。要选择勇敢的士兵，勇则在遵守军纪上；要选择灵活作战的士兵，灵活要根据当时的形势情况而定；士兵的战斗力强则是因为将领赏罚分明的威信；德行好的士兵是因为将领教导得好。有充足的军需是因为作战时速战速决减少消耗，强大的军队是因为合理的休养生息养精蓄锐，如果军队士气不足、损伤过多是因为太过频繁地作战打仗。

孙子曰：德行者，兵之厚积也。信者，兵之明赏也。恶战者，兵之王器也。取众者，胜……

这句话又强调了"德行""恶战""取众"三点，充分表明，孙膑虽然是一名军事家，但是他并不好战。

就是说士兵品德高尚是用兵作战胜利的深厚基础。将领言而有信是对士兵赏罚分明的有力保障。将领和国君厌恶战争不好战，是用兵作战最重要的原则。能取得众人的拥护与爱戴，才能作战胜利。

孙膑说了五种经常取得作战胜利的方法：得主专制，胜。知道，胜。得众，胜。左右和，胜。量敌计险，胜。

将领得到君主充分信任，得以全权指挥军队时，可以取胜；

将领懂得用兵之道，可以取胜；

将领得到广大士兵的拥护，可以取胜；

军队上下左右同心同德，可以取胜；

将领能够充分了解敌情，并能利用地形，可以取胜！

之后又说了作战失败的五种原因，原因就是与取胜办法相违背：御将不胜。不知道不胜。乖将不胜。不用间不胜。不得众不胜。

将领受君王控制而不能独立指挥，不能取胜；

将领不懂用兵规律，不能取胜；

将领不和，不能取胜；

将领无法得到敌情，不能取胜；

战不得民心，不能取胜。

之后孙膑又讲了怎样才能得到君王的信任：一是信，二是忠，三是敢。信就是对承诺的奖励讲信用，忠就是忠于君王，敢是敢于抛弃错误的东西。如果对君王不忠诚，就不敢领君王的兵打仗。如果对奖励不讲信用，就得不到士兵的拥护。如果不抛弃错误的东西，就得不到士兵的敬服。

这其中有忠君爱国的思想，但是并不愚忠，要抛弃错误的东西。孙膑虽然是个军事家，但是也有恶战的思想，这一篇内容与其说怎样选拔士兵，不如说是怎样做一个好的将领。

关于士卒、将帅和君主这三者关系，孙膑也做过解释。

四、孙膑兵法·兵情

在这里，孙膑用矢、弩、发者，分别比喻士卒、将帅和君主，说明三者的内部关系。

与前篇的《势备》篇相同，《势备》以剑、弓弩、舟车、长兵为比喻，两篇文章风格相似，有可能这就是《势备》篇的后半部。

孙子曰："若欲知兵之情，弩矢其法也。矢，卒也。弩，将也。发者，主也。矢，金在前，羽在后，故犀而善走。"

孙膑说：若想明白用兵之道，可以弩弓发射的道理。把箭比作士兵，把弩弓比作将领，那么用弩弓射箭的人就是君王。

后面又详细解说了这三个情况。

孙子曰：矢，金在前，羽在后，故犀而善走……今治卒则后重而前轻，阵之则辨，趣之敌则不听，人治卒不法矢也。

孙膑说：你看箭的结构，前面是金属箭头，后面是羽毛箭翎，所以箭能锐利、迅速并且射得远……如果"前轻后重"地用兵，只能造成混乱，去攻打敌军时出现调动不灵的情况，问题就在用兵的人不懂射箭的道理。

也就是要把精锐主力放在前锋。

将领就像弩弓。在没有摆正弓的时候开弓射箭，就不能及时察觉力度过强还是过弱，这样弓两端发箭的力量就不一致，即使箭没有问题，是前金属箭头后羽毛箭翎，最后还是不能射中目标。

这个道理和将领用兵一样，就算士兵配置得当，但将领不和，最后还是不能战胜敌军。

但是如果箭没有问题，同时也把弓摆得很正，这样整张弓的发射力量也协调一致，只是射箭的人有问题，不能正确发射，也不能射中目标。

这就好比在用兵时，就算士兵配置得当，将领也同心协力，但是君王却不能正确使用这支军队，那也照样吃败仗。

所以说，士兵、将领、君王三者是相互依存的感觉，要想战胜敌军，要符合要求才可以，缺一不可。

这就是用兵的规律。按这个规律去用兵，就能建功立业，君王也能威名远扬。

孙膑很善于运用比喻来论述抽象而深奥的道理，能非常形象而生动地说明问题，给人留下鲜明而深刻的印象。凡此种种，无不说明了作战之中排兵布阵的重要性。

后来，齐威王与孙膑关于富国强兵也有过一段话。

五、孙膑兵法·强兵

因为原文残缺，很难知道这里的具体内容，但是我们从上下文中还是能得到一些关于富国与强兵的关系。

齐威王问孙膑："先生，齐国的许多谋士和我讲过强兵的策略，他们各有各的主张。有的提出施行仁政来获得人心，有的说让我把粮食发放给百姓以笼络人心，有的主张以清静无为的理念保持军心安定社会稳定。请问，到底什么才是强兵最重要的呢？"

孙膑说："大王，这些都不是强兵的最紧要的策略。富国！只有富国才能强兵，也只有强兵才能富国，这才是治军强国要思索的问题。"

威王说："我明白了，积蓄起比我以前更雄厚的国力，比宣王时更雄厚的国力，就能战胜诸侯。"

　　齐威王听了这些，觉得孙膑是个人才，想要请孙膑出仕当官。

　　孙膑却拒绝了："我没有什么功劳，不敢受封，更何况，如果庞涓听说我在齐国出仕，恐怕又要起祸端，不如隐瞒我在这里的事情，等到有用到我的时候，我必会为大王效力。"

　　齐威王同意了，便让孙膑住在田忌家中，田忌尊他为贵客。

　　从此，孙膑正式登上了战国七雄的历史舞台，开始撰写他的传奇人生。

第四章

避实与击虚：围魏救赵的来历

公元前 354 年发生的一件事就需要孙膑出手了。

再说庞涓那边，已经没有人妨碍他在魏国的发展，庞涓可以安心建功立业了。

这一年，赵国进攻魏国的盟国卫国，夺取了漆及富丘两地（均在今河南省长垣县），此举自然招致了魏国的不满与阻拦。

魏国与赵国之间的关系是一笔乱账。

赵国就是与魏国和韩国一起分晋的一国，按理说，三国结盟应该一致对外，但是魏国自认是盟主，行事张扬跋扈。

魏国最一开始的都城是安邑（今山西省夏县），西邻秦国，东隔淮水、颍水与齐国和宋国相邻，西南与韩国交错接界，南面有鸿沟与楚国接壤，北面则有赵国。因为不能妥善处理与韩、赵的关系，才导致自己数面受敌，这样魏惠王就进入孤立境地，不在乎韩、赵两国的利益。魏惠王又缺乏战略眼光，觉得自己如果吞并了韩、赵两国，就可以纵横天下！

公元前 364 年，魏惠王决定召集大臣商议迁都之事。

魏惠王说："各位大臣、将军，我一直在思考一个问题。每次打仗，我们的国都安邑都多次遭受危险，要避免这些危险只有迁都了。"

大将军庞涓十分赞同，从地理上解释："大王说得对，的确如此。安邑地处河东，那里被秦、赵、韩三国包围，除了上党山区有一线地可以和河内交通外，没有其他的交通了，假如赵、韩联合攻魏，切断上党那里的交通线，这个时候如果秦国再进攻，那我们的形势就很危险了。"

公子昂说："大王认为哪里合适呢？"

魏惠王说："我想到是大梁，魏国的第一大都市。三家分晋时，我们的南部平原还是贫瘠荒芜的原野，大梁也只是一座小城，还没有发展起来。那个时候安邑确实是我们的势力中心，农耕发达，城池坚固，自然就可以做都城。可是自魏文侯起用李悝变法以来，百姓全力在黄河南岸发展农耕，大梁地处丰腴的平原，也就迅速发展起来了。如今，大梁虽然不是都城，但城池规模要比安邑这里大上很多。你们觉得那里怎么样？"

龙贾说："大王英明。大梁在地势上很好，它北邻黄河，南依逢泽大湖，水路陆路皆是四通八达，的确是建都的好地方。不过有一个问题……"

魏惠王问："什么问题？"

龙贾说："大王是否想过，我国的土地比较分散，安邑与大梁之间的土地联系很薄弱，只能向北绕道南下才能进入河内、大梁板块。这样不仅路途遥远很麻烦，而且很容易被敌人切断路线。大梁的西面是韩国国土，北面是韩国的平丘、户牖、首垣三地，这三地把大梁半包围着呈弯月形，对大梁十分不便。因此，大王若想迁都大梁，首要的便是要将平丘、户牖、首垣三地拿在手中。这韩国能同意吗？"

魏惠王还没有回答，公子昂发了话："这并不难，我们拿地换地就可以了。再不行，大不了我们出兵拿下就是了。"

魏惠王面露喜色："公子昂说得不错，那派公子昂出使韩国，与韩国商议。我们先礼后兵。"

公子昂出使韩国，韩迫于魏国的压力，同意了魏惠王的换地要求。

魏惠王从安邑迁都大梁（今河南省开封市），此后的魏国又被称为梁国。

迁都大梁后，魏的主要敌人和争霸对象是东面的齐国。

然而魏惠王还是分不清主次，不但不改善与韩、赵的关系，反而变本加厉地数次出兵教训赵、韩两国，进一步激化矛盾。

魏惠王如此行为，引起了韩、赵两国的反抗，韩国北邻魏、赵，东有齐，南有楚，西有秦，四面受敌。现在韩国已经穷弱，虽然无法针对魏惠王，但也不会支持魏国。

当时赵国国君赵成侯为了摆脱魏国霸权的控制，进而达到兼并土地、扩张势力的目的，先是退出了韩、赵、魏联盟。

中山之前也是魏国的属国，赵国趁魏国国丧时将中山占了去。

魏惠王一直想夺回被赵国占领的中山，庞涓便上奏："中山离魏国比较远，离赵国比较近，与其远争，不如直捣邯郸，以报夺中山之恨。"

魏惠王同意，派庞涓率八万精兵五百战车进攻赵国都城邯郸。

魏国攻击十分凶猛，才用了不到一年时间，庞涓便攻到了赵国的国都邯郸。

赵国马上就要被灭了，当时国君赵成侯一面竭力抵抗魏国的攻击，一面派使者火速奔往齐国求救。

但是这又和齐国有什么关系呢，赵国为什么向齐国求救？

公元前 356 年，赵国为了摆脱魏国的控制，赵成侯与齐国、宋国在平陆会盟，这样几乎就是半包围了魏国。

当然，赵国对齐国也不放心，又与燕国在阿地会盟，赵、燕、齐三国挨着。

宋国经济发达，宋国人善于经商，宋是华夏圣贤文化的源头，老子、墨子、庄子的故里，以及孔子的祖居之地，均在商丘附近，商丘由此被誉为"中国圣人文化圈"。

宋国武不如文，一心发展经济，恐怕是不会支援赵国了，若是支援，兵力恐怕也是不足。

燕国虽然是战国七雄，但是燕国与三晋关系不错，与齐关系最差，对于三晋的内部战争，燕国也同宋国持一样的政策。

现在就剩下齐国还有可能援助赵国。

齐国也正在讨论这个问题，齐威王向来尊重大家的想法，因此召集大臣一起谋划："是否去救赵，哪个选择对咱们齐国最有利？"

最先发言的就是驺忌子，他现在是齐国的相国，十分有发言权，关于这个问题，他也深思熟虑过。

由之前的故事可以知道，驺忌子更倾向是一个管理者，他奖励群臣吏民进谏，主张革新政治，更关心内政，他希望国家发展，而打仗会耗费过多的财力人力，所以，他的观点是："臣并不赞同出兵救赵国，一是从最根本的军队来说，齐国与魏国有差距，而齐国需要发展经济，如果去帮别人打仗，实在是不顾全大局。"

魏国的部队被称为"武卒"，是大军事家吴起一手训练出来的，号称天下劲旅，数十年来，东征西讨，战无不胜，因此驺忌子不同意也说得过去。

齐威王听后点点头，确实如此。

这时，大臣段干纶却有其他的看法："臣认为若是不援救赵国恐怕不妥。"

齐威王忙询问道："哦？为何如此讲？"

段干纶便道："现在这个时候庞涓已攻到邯郸，如果已经到了赵之东境，那么肯定威胁到齐国的安全了。况且我们与赵国有同盟关系，如果不援救，坐视不管，便与赵国的关系破裂，也显得我们不讲信用。而且以现在的局面，魏国定然能灭了赵国，那么魏国的势力就会更加壮大。"

齐威王听后又询问："那如果是帮了赵国，赵国岂不是又强大了？赵国也是我们的竞争对手。"

段干纶便笑道："如果我们直接去邯郸帮助赵国，赵国既没有受到损失，魏国也没有被削弱，这对我们是没有帮助的。所以不如我们去攻打魏国的襄陵（河南省睢县），表示我们帮赵国，这样可以削弱魏国，而如果邯郸被攻下，赵国也被削弱了，魏军回救，也一定疲惫不堪，就一定能够跟魏国打场胜仗。"

这么听来也是有道理的，但是毕竟出战需要耗费很多人力物力，可齐威王对驺忌子也很认可，一时不知道该如何选择。

这个时候，齐威王想起了孙膑，毕竟孙膑对兵法更了解，因此询问孙膑的建议。

孙膑听后也同意援救赵国："魏、赵、韩原是一家，魏文侯时，三晋联盟，所向无敌，之前齐国攻打燕国，就是因为三晋联手阻挠。"

就在几十年前，公元前380年，秦、魏两国进攻韩国，这个时候齐国想渔翁得利趁机向燕国发动突然袭击，果然攻占了燕国的桑丘（今徐水县东南）。谁知道第二年燕国向三晋求援，本来还在打仗的魏、韩两国迅速同赵国出兵伐齐，兵至桑丘，直至占领灵丘。

齐威王想起来也确实咬牙切齿。

"现如今，三晋出现裂痕，赵国与齐国结盟，对魏国来说是一个沉重的打击，齐国应该利用这个机会。魏与赵对齐国来说，魏国是齐国更重要的对手，从这个角度来说，也应该帮助赵国。如果赵国投降了魏国，赵国不会责怪魏国，反而会怪齐国见死不救，这样齐国不但丢了个盟友，还多了个敌人。再从其他角度看，其他大国如秦国、楚国说不好都在坐收渔利，等着齐国见死不救。所以，应该援救赵国。但是不可过早与魏军主力正面交锋，最好等到魏、赵两国打得精疲力竭之时，咱们再出军攻打魏军，就可以重创魏国，这样最符合齐国的战略利益。"

自从魏文侯即位后，进行改革，又积极向外扩张，对齐国所属的东部构成了严重的威胁。这个时候确实是齐国的机会。

齐威王心中一直希望扩张，他是公元前357年才接管的齐国，到现在也不过才三年，齐国尚未从之前的内乱中恢复，国力偏弱。

齐威王自己虽有雄心壮志，却一直没有机会，不理朝政。

后来淳于髡出现："大王，我国有一种大鸟，栖息在大殿之上，三年不飞不鸣叫，您知道这是为什么？"

齐威王并非昏庸无能之人，他用"隐语"回复："此鸟不飞则已，一飞冲天；不鸣则已，一鸣惊人。"

这个时候他身旁有孙膑，又有这个机会，正是齐威王一鸣惊人之时。

齐威王再次想封孙膑大将军。

孙膑还是推辞了："我受过刑罚，如果让我当大将军，别人会说齐国没有人才了，被地方笑话，还是请田忌为大将军。"

齐威王于是命田忌为主将，孙膑为军师，率兵八万去救赵国。

孙膑之后便常坐在辎车之中，暗中出谋划策，并不显露其名。

孙膑之所以推却其实也是有原因的，他曾经被庞涓残害过，因此更加懂得明哲保身的道理，并不想出头。其次就是齐国的政治氛围虽然相对来说比较轻松，但是齐国的政治借口还是偏向田氏家族，比方说田忌，所以他在田忌身边也是一样的。

最后一点，或许就是孙膑对君王的不信任，他更加信任帮助过他的田忌，帝王反复无情，比方说魏惠王。

事实上，楚国也在讨论是否要救赵。

大臣昭奚恤的态度与驺忌子颇像，他对楚宣王说："大王还是不要援救赵国，这样的话没有抵抗魏国，魏国的能力增强，恐怕割取赵国的土地一定很多。而赵国不会顺从，那么必定坚守，这样他们就两败俱伤了。"

大将军景舍说："并不是这样。魏国攻打赵国的时候，会担心楚国从后面进攻它。如果我们不援救赵国，魏国就没有楚国攻其后的忧虑，这样实际上是楚国、魏国共同攻打赵国，赵国有可能无力抗拒魏国！根本不是什么两败俱伤！更何况魏国已经割取了赵国很多土地，赵国已经要灭亡，他有了楚国不援救自己的想法，必然会与魏国联合起来攻打楚国。所以大王不如少出些军队，去援救赵国。赵国有了援军，会与魏国死战。魏国被赵国的顽强抵抗精神所激怒，而且看到楚的援兵太少不值得畏惧，不会放弃灭亡赵国的机会。赵国、魏国互相拼得两败俱伤，而这时候如果齐国、秦国趁着楚国援救赵国的机会起兵攻打魏国，那么魏国是可以被打败的。"

楚王听了后，便派景舍带兵救赵。

韩国郡主韩昭侯同样也因为此事拿不定主意，他便询问自己的相国申不害（前385年—前337年）。

申不害并不是韩国人，他担心自己的意见与韩昭侯不一样，韩昭侯不但不听从他的建议，还会觉得他不是真心为韩国，便回道："这可是国家大事，请让我深思熟虑之后再回答您。"

韩昭侯自然是同意了，之后申不害就不露声色地暗示名臣赵卓和韩晁，让他们向韩昭侯进谏是否出兵救赵，自己则暗中观察韩昭侯的态度，发现韩昭侯是想救赵的，于是便进谏说应当联合齐国，伐魏救赵。韩昭侯果然十分满意，发兵救赵，也十分信任申不害。

至于齐国到底如何救赵呢？

一、孙膑兵法·擒庞涓

有一段记载：昔者，梁君将攻邯郸，使将军庞涓，带甲八万至于茌丘……

这个时候庞涓已经带着八万大军到达茌丘，随后又进攻卫国，而田忌与孙膑率大军赶到齐、魏边境。

茌丘具体位置是哪里，现在无从考证，大约是现山东茌平县，这里就在齐国境内。

这也是齐国要发兵的原因，魏国威胁到齐国的安全了。

第四章 避实与击虚：围魏救赵的来历

但是这里为什么又出现卫国了呢?

卫国是一个小国,被魏国半包围着,对面又紧紧挨着齐国,在夹缝中生存,国都就是前面说过的朝歌。

可能是田忌与孙膑的大军到了赵边境之后,想要从后路拦截庞涓的部队,庞涓便带着兵绕路卫国,之后田忌也跟着到了卫国。

这样双方就都在卫国境内了,至于到底是卫国何地,因为原文有缺,并不知道。

这个时候,田忌想直接与庞涓正面干上,这样就可以将魏国军队赶回去,也可救卫国与赵国。

想法不错,但是真正实施有许多困难。

最大的一个困难,就是魏国的兵力还是十分强的,荀子曾经称魏国士兵为魏氏之武卒,就是说,魏国的士兵需穿戴全副甲胄,携带十二石强弓、五十支箭,并背负战戈、三日口粮,半日行军一百里。而齐国的士兵与市井上雇佣的打手没有区别,并没有特别的军事素养。

齐国的士兵是齐庄王受"螳臂当车"的启发,以钱财招揽百姓中的勇士,加以严格的训练之后所组成的军队,被称为"技击"。虽然他们接受了一些训练,比如搏斗、剑术、射击等,但是与魏氏之武卒还是有差距,魏氏之武卒更倾向于现代的军人,而齐之技击更像有钱人的保镖。

也不怪当时驺忌子忌惮魏军。

田忌一时无计可施，便与孙膑商议，将自己的说法说出来："我打算率兵去救卫国。"

孙膑连忙阻止，不可与魏主力交战。

田忌一听，着急了："如果不救卫国，那怎么办？"

孙膑回道："请南攻平陵。平陵，其城小而县大，人众甲兵盛，东阳战邑，难攻也。我军可以故意在这里用兵，以便迷惑敌军。"

平陵（今山东省菏泽市定陶区东北），从前是属于卫国的，后来被魏国夺走，仍然称作平陵。

平陵城池很小，但是管辖的地区比较大，人口多兵力强，是很重要的战略要地。

但是这里比较难攻打，可是孙膑还是建议田忌攻打这里，因此说，故意在这用兵。

孙膑又继续说："平陵南面是宋国，北面是卫国，进军途中还要经过魏国的市丘，我军的运粮通道很容易被切断。我们要故意装出不知道这种危险。"

"吾攻平陵，南有宋，北有卫，当途有市丘，是吾粮途绝也，吾将示之不知事。"

第四章　避实与击虚：围魏救赵的来历

"请将军南下攻打魏国的平陵。平陵城池虽小，但管辖的地区很大，人口众多，兵力很强，是东阳地区（指魏国首都大梁以东的地区）的战略要地，很难攻克。我军攻打平陵。"

其实这里就比较让人难懂，不明白到底是为什么，实际上是为了让庞涓以为齐国的将领指挥无能。

以孙膑对庞涓的理解，庞涓目下无尘，定然会轻敌。

然而这些也迷惑了田忌，田忌并不清楚到底为何这样做，在接近平陵的时候，田忌又询问孙膑："该如何攻下平陵呢？"

孙膑没有直接回答，而是反问道："这些将领里谁不会带兵打仗？"

田忌回道："齐城、高唐两地的将领。"

齐城，即临淄，是今山东省淄博市，高唐是今山东省高唐县。

孙膑便派两人去攻击平陵附近的环涂地区，这里是魏军屯驻之地。

孙膑继续说："大将军派两位将军伪装成前锋对魏军发起猛烈进攻，主力部队按兵不动。环涂的魏军必定会反击，两位将军可能打败仗，甚至牺牲。"

田忌听从安排，于是将两个将领的军队分成两股，脱离大部队去攻击魏军，也正如孙膑所说，齐军大败。

这个时候田忌还是不清楚孙膑到底是要做什么，急忙询问他："我们现在不但没有攻下平陵，反而失去齐城、高唐，损失这么大，该怎么办呢？"

孙膑依然还是那副样子："接下来立即派出轻装战车，往西直捣魏国都城城郊，这样就会激怒庞涓。庞涓必定回兵救魏国国都，之后我军分出少数兵力和庞涓交战，显出我军兵力单薄的样子，证明我军是去了魏国。将军带着主力部队在桂陵埋伏。"

桂陵地区是庞涓回救魏都的必经之地。

田忌一一照办。庞涓果然丢掉辎重，昼夜兼程回救魏都。

而孙膑带领主力部队在桂陵埋伏，一举战胜庞涓。

孙膑提出轻装战车，又有之前平陵失败的例子，因为平陵失败，导致齐军没有多少粮食，再加上少数兵力骚扰庞涓，都表明了齐军兵力不足。

那么庞涓当时可能就在想，现在齐军兵力不足，那么定然都在大魏，不过就算在大魏，齐军人数也不见得多，我现在回去定然可以救下大魏，而且时间要快，就只能放下那些笨重的车马。

回救大魏也是必然的，如果庞涓不救，那么魏惠王又会怎么想。

这个时候，就算邯郸也被攻破，庞涓也只能先留下少数兵力在邯郸，其他的带回大梁，这个时候魏军由于长时间作战，已经疲倦不已，再加上长途跋涉，就入了孙膑的圈套，到了桂陵，被齐军伏击。

更何况，庞涓并不认为这个几日前在平陵被打败的齐军会埋伏。

田忌忍不住夸赞："先生果然神机妙算。"

孙膑笑道："要解开乱丝结绳，是不能用拳头去解开的，要想拉开争斗就不能参与到其中，平息纷乱要抓住要害，乘虚取势，双方因受到制约才能自然分开。派兵解围，要避实就虚，击中要害。"

由于这场战役发生在桂陵，所以被称为桂陵之战，魏军大败，魏军主帅庞涓被生擒。

不知道庞涓见到被自己残害的师兄弟会是怎样的想法，虽然最后庞涓被释放了，也不曾听说庞涓受残害之类的，可见孙膑并没有趁机报复。足见孙膑之人品。

桂陵之战的意义远不止这些，这个时候两国交战都是以战车为主，双方都十分讲究阵法，一般都是在作战前摆好阵法，之后开始攻击后也多保持阵形，多正面交战，因此很少有军队随机变化。但是桂陵之战突破了这一规则，整个过程都在机动运兵，佯攻平陵，再直趋魏都大梁，设伏于桂陵，几乎是看不到阵形的。

庞涓被牵着鼻子耍得团团转。

其实与孙膑前面所说的"退威"有一定的联系。在军事上要兵不厌诈，要讲究出其不意的战略和计谋，而不应当畏惧两军人数是否悬殊，要给对方一个料想不到的打击。

但是在两军交战的时候，什么情况都有可能会发生，一定要灵活。尤其是在敌强我弱的情况下，有许多的解决办法。

二、孙膑兵法·十问

本文就是针对"敌强我弱"具体划分为十种情况，比方对方兵比己方多、比己方强壮，或者是占据险要地形等。

在这些情况下，孙膑给出了该如何用兵取胜的战术。

兵问曰："交和而舍，粮食均足，人兵敌衡，客主两惧。敌人圆阵以胥，因以为固，击之奈何？"

兵家问道："两军对垒，双方粮食、士兵人数和武器都相当，双方彼此都畏惧对方。这个时候，敌军布下圆阵要固守待战，请问该怎么攻击敌军呢？"

孙膑道："攻击这样的敌军，就要把本方军兵分成五路，有的军兵与敌军稍一接触就假装败逃，装出十分畏惧敌军的样子。敌军见我军畏惧，就会毫无顾忌地分兵追击我军。我军就可以乘对方军乱而毁掉其坚固的阵地，随即驱动战车，擂响战鼓，五路军兵齐发，全军协同攻击敌军了。这就是击破敌军圆阵的办法。"

这里就和"赞师"的理论很有关系了。

"那如果两军对垒时，敌方很富，兵多也很强，我方很穷，兵少兵力弱，敌军用方阵向我方进攻，我军该如何抗击敌军呢？"

孙膑说："抗击这样的敌军，使集中的敌军分散，一接触就假装败逃，然后伺机从后面攻击敌军，但要注意不让敌军事先察觉。这就是攻破这样敌军方阵的办法。"其实与避实击虚的意思一样，围魏救赵的理论也相近。

"那如果当时敌军人数既多又强，勇猛、敏捷，并且列成锐阵这种比较尖锐的阵形，准备与我军交战，该如何抗击这样的敌军？"

锐阵与方阵就不大一样了，这样就很难突破，不是那么容易分散敌军。

孙膑说："抗击这样的敌军，要把本方的军队分成三部分，以便调动、分散敌军。用本方一部分军兵与敌军周旋抗衡，阻滞敌军……从而造成敌军将领恐惧，士兵惶惑，上下混乱，敌军必将全军大败。这就是击破敌军锐阵的办法。"

此处原文上缺少字，所以不清楚剩下两部分军兵做什么来造成敌军恐惧，根本上还是要让对方心理和战略上混乱。

"两军对垒时，敌军人数多且强大，我军兵力太少，无法抗击敌军，对方布成阵势与我军交战，我军也列阵等待，该怎么办呢？"

孙膑说："抗击这样的敌军，要把本方军队分成三部分，其中一部分是精兵组成的敢死队。剩下的两路军兵列成阵势，张开两翼，攻击两侧，精兵组成的敢死队攻击敌军中枢，直接杀对方敌军的统兵将领，务求一击必中，就可以击破强敌的攻击阵势。"

"两军对垒时，我军人数多，但战车、骑兵少，敌军战车和骑兵是我军的十倍，该怎么与这样的敌军交战呢？"

孙膑说："和这样的敌军交战，就要从地形上下手，要占据险要地形，利用狭长的隘口，让对方战车与骑兵不容易通行，己方千万要避开开阔平坦的地带，因为开阔平坦地带有利于战车冲击，而险要隘口有利于步兵作战。这就是打败战车敌军的办法。"

"那反过来，两军对垒时，我军战车和骑兵多，但步兵少，而敌军步兵多，是我军的十倍，该如何与这样的敌军作战呢？"

孙膑说："和这样的敌军交战，依然要从地形下手，与上面说的相反，这次千万要避开险阻地带，而且想方设法把敌军引到平坦开阔地带去决战。敌军步兵虽是我军十倍，但开阔平坦地区便于我军战车和骑兵冲击，这样就可将敌军全部击败了。这就是打败敌军步兵的办法。"

"两军对垒时，如果敌军十分厉害，敌军将领勇猛无畏，敌军兵多而强，阵地十分坚固，全军将士都很勇敢，没有后顾之忧，各方面都没有缺点，而且后方人员强干，粮食供应充足，诸侯中无人敢与之争锋，该怎么与这样的敌军抗争呢？是否可以战胜他们？"

孙膑说："和这样的敌军抗争，要先打心理战，可以公开宣布不敢与其抗争，明白表示自己没有能力和他对战，装出完全对其屈服的样子，从而使敌军产生骄傲情绪，松懈斗志，甚至不再有阵形，但是记住要让敌军看不出我方的真实意图。然后出其不意，攻其无备，趁敌军懈怠的时候，对敌军发动攻击。敌军虽然又富又勇敢，但全军离开营地，并没有阵势，前后不能相互照应，这个时候要抓住机会，我军可以趁机拦腰截击敌军，就很容易将其打败。这就是打败强敌的办法。"

"两军对垒时，敌军占有着有利地形，凭借山地险要地形据守，我军无法前进，可是如果我军离敌军远就无法攻击敌军，离敌军近了又没有依托之地也很难攻击敌军，该怎样与这样的敌军交战呢？"

孙膑说："与这样的敌军交战，地形上比不过，就要攻击敌军必定要救援的地方，这里地势不会太险要，然后利用这里牵制敌军离开现在这个坚固的阵地，并预先算计好敌军的计划，部署好伏兵和援军，只要敌军要移动其他地方，就可以对其发动攻击。这就是攻击据险固守的敌军的办法。"

"两军对垒时，两军列阵相对，敌人摆出箕形阵势，估计是想让我军落入其包围而使我全军覆没。该怎样与这样的阵形对抗呢？"

箕形就是像斗一样的形状。

孙膑说："对抗这样的敌军，最好的办法就是不受对方的引诱，就像口渴的人不喝水，饥饿的人不吃饭一样，不中敌军圈套。用本方三分之二的兵力，去攻击敌军的中枢要害，让对方以为自己中了圈套，然后派出精兵去攻击敌阵两翼，突破包围。敌军必然全军大败。这就是攻破敌军簸箕阵的办法。"

《十问》是临敌用兵的战术总汇，对实战很有参考价值和指导意义，但关键还在于统帅的机智指挥、灵活运用。

三、孙膑兵法·善者

本篇主要论述了怎样才算一个合格的"善战者"，在作战时能使自己处于主动而陷敌于被动的战略战术又该怎样去做。

"善于用兵的将领，面对兵力多而强的敌军时，能使分离而不相救也，受敌而不相知也。"

就是能使得敌军兵力分散而不能相互支援，遭到攻击时敌军仍不能互通消息，彼此不知情况。

"故沟深垒高不得以为固，车坚兵利不得以为威，士有勇力而不得以为强。"

如果是这样的话，壕沟很深、壁垒很高的阵地就算不得坚固，战车坚固、兵器锐利就算不上有威力，士兵勇猛善战也算不上强大。

"故善者制险量阻，敦三军，利屈伸，敌人众能使寡，积粮盈军能使饥，安处不动能使劳，得天下能使离，三军和能使柴。"

因此，善于用兵的将领要善于审视地形险阻并且加以利用，这样能够指挥全军将士进退自如，就算敌军兵很多也能让他们变少，哪怕敌军军粮充足也能让他们忍饥挨饿，哪怕敌军稳守着阵地也能使敌军疲劳，善于用兵的将领能让得全国民心的敌军离心离德，更能使全军同心协力的敌军不和。

用兵有四路、五动，前进后退向左向右各是一条路，共四路；前进后退向左向右各是动，按兵不动同样也是动，共五动。

"善者四路必彻，五动必工。"

善于用兵的将领就能做到四路通达，五动巧妙。

因此，当自己的军队前进时就不会有敌军阻挡，后退时不会让敌军切断后路，向左向右不会受敌军阻拦。

"故使敌四路必穷，五动必忧。进则傅干前，退则绝于后，左右则陷于阻，默然而处，军不免于患。"

反过来要使敌军四路全部受困，就要使敌军五动有忧虑，前进时必定有我军阻挡在其前面，后退时必定被我军切断后路，向左向右一定受到我军阻拦，即使按兵不动，也必定免不了灾祸。

"善者能使敌卷甲趋远，倍道兼行，倦病而不得息，饥渴而不得食。以此薄敌，战必不胜矣。"

善于用兵的将领能使敌军偃旗息鼓绕远路，也能使敌军抄近路急行军，能使敌军疲倦而得不到休息，又饥又渴而不能吃饭喝水。敌方与这样的将领交战，那肯定是不能取牲了。

"我饱食而待其饥也，安处以待其劳也，正静以待其动也。故民见进而不见退，蹈白刃而不还踵。"

而我军则是吃饱了等待饥饿的敌军，以逸而等待疲惫的敌军，按兵不动而等敌军动。这样交战，我军士兵当然会勇往直前，绝不会后退，即使踩上敌军锋利的刀刃，也绝不会转身退缩。

这篇主要是阐明了一个善于用兵的将领在无论何种形势下都能克敌制胜，要善于利用地形，善于运用"四路五动"。

四、孙膑兵法·雄牝城

雄牝城是指两种设防的城池，易守难攻的叫作雄城，易攻难守的叫作牝城。

这篇就是讲哪些地形条件下建的城叫雄城，在哪些地形条件下建的城叫牝城。

又讲什么情况下去攻打，什么情况下不去攻打。

第一种雄城，城池建在小片沼泽地带，城周围并没有高山深谷，但是四周有连绵不断的丘陵，这种很难攻克，不要攻打。

第二种雄城，敌军饮用流水，那就是水源充足，不要攻打。

第三种雄城，敌军城池背靠高山前有深谷，不要攻打。

第四种雄城，城外地势低，城内地势高，不要攻打。

第五种雄城，城池内有连绵不断的丘陵，不要攻打。

那么，什么样的城池可以攻打呢？

第一种，如果军队驻扎的营地四周，没有大河环绕作为屏障，敌军斗志低落，可以攻击。

第二种，如果城池左右没有高山，又背临深谷，这是牝城，可以攻击。

第三种，如果军队饮用的是死水，周围没有流通的小沟渠，可以攻击。

第四种，如果城池建在大片的沼泽地带，周围没有屏障，比方说有深谷和连绵不断的丘陵，这种城池也是牝城，容易攻打，可以攻击。

第五种，如果城池所处位置前高后低，前有高山，背临深谷，是牝城，可以攻击。

这篇主要说了攻击城池的问题，与"地利"有关，还有就是驻扎军营时的地形参考，也可以作为攻击对方城池的参考，知道如何选择那些易攻难守的地方作为突破口，而不能轻易去攻击易守难攻的雄城，以避免进攻受阻或消耗损失过大。

当然，这些也不是绝对的，在地形条件不利的地方有时也不是不能设防，而是要想办法避免不利条件带来的损失，改善建城条件，最终立于不败之地。

孙膑就是通过这些，由于善于用兵，在兵家中占有一席地位。

孙膑用围攻魏国的办法来解救赵国的危困，不仅创造了避实击虚、攻其必救的战法，还产生了"围魏救赵"的成语典故，围魏救赵被后来的军事家们列为三十六计中的重要一计，至今仍有其生命力。

第五章

战国与七雄：发展才是硬道理

在桂陵之战到马陵之战之前这段时间，各诸侯国虽有纷争，但并不影响大局，各诸侯国不约而同地开始发展，为后期积蓄力量。

一、魏国·嘉陵之战，休养生息

虽然在桂陵之战中魏军被打败了，但是这场战役并没有击溃魏军主力，齐国也没有真的进攻魏国首都大梁，也没有帮赵国夺回其国都邯郸，邯郸仍为魏国所占领。

但是齐国到底因为围魏救赵一战，名声大振，对魏国这个老牌霸主产生了威胁。齐威王想趁机取代魏惠王成为中原霸主，因此为了扩张地盘，公元前352年，齐威王联合宋国、卫国一起出兵，宋国以文为主，之前赵国求救，只派了一小波兵力，而卫国就是赵国夺过来的属国，是个小国，一直遭受着战争的践踏，之前围魏救赵中，魏国就打算进攻卫国，为了防止再被侵略所以卫国也出了兵。

三国以齐国为首，一起包围了魏国城镇襄陵（今河南睢县）。

襄陵是平原，特别适合大兵团作战，然而荀子曾经说过的，齐之技击不可以遇魏氏之武卒，这一句话在襄陵实现了。

魏军或许是因为"围魏救赵"受到屈辱，反而被刺激得实力大振，打退了齐宋卫联军的第一波攻击。

这个时候是否有孙膑参谋并不清楚，不过孙膑并不擅长正面战场作战，而且要调度三军作战，确实也比较有难度。

这一次魏惠王吸取之前的经验，除了依赖魏之武卒，还派使者去了韩国，使用外交手段，让韩国出兵。

韩国见到现在这个局势，认定魏军非常勇猛，这次作战，魏国肯定会赢，所以就派兵对齐宋卫发动攻击。

齐宋卫再次作战失败，这次战役称之为嘉陵之战。秦军则进攻魏的河西夺取了少梁和安邑。

齐国之前的扩张彻底失败，齐威王认为这个局势对自己十分不利，就请楚将景舍出来调停。景舍是谁历史上并没有详细的介绍，只知道他是楚国的大司马，也是一个军事家。

至此，魏国挽回了围魏救赵的败局，继续维持着强国的招牌，而魏惠王也利用这次成果，在嘉陵之战的第二年，强迫赵国会盟在漳水之上，撤出赵国首都邯郸，强迫泗上宋、鲁等十二诸侯国来朝。然后与齐、赵媾和结盟后，大约在此时齐国将庞涓释放，使其回魏再度为将。

随即全力西向击秦。

公元前 350 年，魏举兵攻秦，围定阳，迫使秦孝公在彤与魏惠王相会和好，并西向收复了全部河西失地。

对于秦国，魏惠王使"龙贾率师筑长城于西边"。进一步修筑长城，主要是为了防范秦国，可见魏国对秦国的态度。

魏国西面直接面临强秦，在荀子说的齐之技击不可以遇魏之武卒，后面还有一句，魏之武卒不可以遇秦之锐士，可见秦军的厉害。

魏惠王早在公元前 358 年就开始修筑长城，这条长城从黄河边的卷（今河南省原阳县西）开始，东到阳武（今河南省原阳县东南），折往西南行，到达密（今河南省密县东北）。

公元前 352 年，魏惠王再次修筑长城。

虽然看起来魏国取得了全面的胜利，但其实魏国国力损伤巨大，正如孙膑所说，因为多次交战，导致军力受损，不然魏国不单单是和赵国讲和了。从这里开始魏国国力开始走下坡路了。

接下来的几年，魏国开始休养生息……

二、齐国·烹煮朝臣，励精图治

虽然齐国后来又被"打回原形"了，但是齐国还是通过桂陵之战壮大了声威，有毅然崛起之势态。可是齐威王被这次胜利冲昏了头脑，开始贪图享乐，不理政事。

在桂陵之战的几年，鲁国攻打过齐国，韩、赵、魏也打过齐国。

后来在楚国发兵要大举进攻齐国的时候，齐威王想到的只是让淳于髡去赵国请求救兵。

《史记》中关于这次请救兵还有个小故事。

齐威王让淳于髡带上黄金百斤、车马十驷去赵国。淳于髡看到后仰天大笑，居然笑得帽子都掉了下来。

齐威王询问："先生莫非是觉得这些礼品少了？"

淳于髡继续发挥他的特长，用隐语回答："臣是从东边过来的，刚巧看见大路边有人祈求神灵为自己消灾，摆着一只猪蹄、一杯酒，祷告说：'希望容易干旱的地方粮食装满盆，容易涝的田地粮食能装满车，五谷丰登，多得把家里都装满。'我看见他拿着祭品这么少，可想要的那么多，所以笑他呢。"

这话里的意思已经很明显了，实际上是笑齐威王给的东西少。

齐威王就把给赵国的礼品增加了十倍，并增加了白璧十双。

淳于髡带着这些礼物到了赵国，赵王见到礼物非常满意，给他精兵十万，战车一千乘。楚国得知赵王给了齐国援兵，连夜撤兵离去。

后来司马迁在《史记·滑稽列传》中曾说："淳于髡仰天大笑，齐威王横行……岂不亦伟哉！"高度评价了淳于髡在齐威王称霸中所做的贡献。

没想到解决这件事后，没有一两年，卫国攻打齐国，占领齐国的薛陵，赵国攻打齐国，占领齐国的甄城。

战国时期就是这个样子，今天结盟，明天援救，后台继续干仗，他们所说的攻打也并没有现在想象的严重，只能说是一些小的骚扰。

但是如此频繁的战争，除了楚国要大举发兵之外，其他这些齐威王并不清楚，自桂陵之战后，他把国家的政务委托给大臣，手下有人隐瞒了这些消息。

其中奸佞的大臣周破胡凭借自己的势力专权，嫉贤妒能。即墨大夫是个贤臣，但周破胡天天在齐威王面前诋毁他，赞誉自己是成功的阿城大夫。即墨与阿城都是地名。齐称县为都邑，领导的长官称为都大夫，相当于县令。

后来齐威王身旁有一个叫娟的姬妾，称为虞姬，看出周破胡欺上瞒下，便对齐威王说："周破胡是个善于阿谀奉承的大臣，应该将他赶出朝去。听说有一名北郭先生，贤明有道，可以重用。"

在《韩诗外传》中记载，北郭先生却楚庄王之聘不仕，可见确是贤明的人。

然而周破胡消息灵通，知道虞姬举报自己后，十分生气，便要想办法遮掩过去，对付一个女人最有效的办法就是污蔑她与北郭先生有染，这样就说得通了。

果然，齐威王怀疑虞姬，将她关起来，并派人对她进行审问。

周破胡便贿赂审问她的人，做了一份假的罪状给齐威王。

齐威王看见供词后并不满意，便亲自审问她。

虞姬既然敢进谏就是一个聪明的人，齐威王不相信供词，就是还念在两人这些年的情分。她便哭道："我有幸被父母生在天地之间，又有幸离开简陋的乡村，遇见大王，侍奉在大王身边已经十多年了。我一直怀有谨慎之心，但也希望能为大王的天下说一句话。却被奸臣诬陷，没想到，还能再见到大王。"

这些话唤起了齐威王的旧情，虞姬继续剖白自己："我听说玉石掉到污泥中也不会被污染，柳下惠能做到坐怀不乱。如果像平常一样就不会被怀疑，但是我瓜田李下，不避嫌向您推举贤能之人，这是我的第一个罪过。

"我被人陷害后，因为审问的人被贿赂，我不能解释清楚。我听说杞梁妻因为被冤枉而把城墙哭塌，感动了百姓为她喊冤。

但是我被冤枉却不能让其他人帮我伸冤，这是我的第二个罪过。"

这两个所谓的罪过，不过是虞姬正话反说，说自己瓜田李下，是真正的冤枉，只是别人不知道。

接下来她又开始加深这段话的意义："既然我有罪过，本来不应活着，但是我还是要在您面前说出真相，我反正也要死了，为了齐国也要说出来，现在齐国群臣中最大的奸臣便是周破胡！如果大王再不亲政治理国家，那齐国就太危险了。"

齐威王听后很感动，也被这话点醒，便释放了虞姬，开始暗中调查齐国的大臣。

发现被周破胡诬陷的即墨大夫是个贤臣，而阿城大夫治理的地方民不聊生。

于是齐威王马上召见了即墨大夫并赞扬他："从你开始治理即墨，每天都有毁谤你的言论。我就暗中派人去你那里视察，看到的是田野得到开发耕种，百姓生活富足，而且官府没有积压公事，即墨因为你得到了安宁与发展。但是由于您不会左右逢迎，所以每天都有污蔑你的话。"

之后就封给他一万户食邑。

然后又召见阿城大夫周破胡对他说："从你开始治理阿城，我每天都能听见赞扬你的话。可是我暗中派人到阿城视察，你治理的都城田野荒废，百姓过得贫苦。之前赵军进攻甄城，你未能援救。卫国夺取薛陵，你也不知道。这些赞扬都是你用财物贿赂我的左右得来的吧！"

当天就烹杀了阿城大夫，并把左右曾经吹捧过他的人也都一起烹杀了。

这件事让齐国上下震惊，所有大臣都不敢文过饰非，努力表现他们的忠诚，恪尽职守，不敢掩盖真相。

这则故事在《列女传》与《史记》中都有记载，然而这里面却没有驺忌子的身影，如果说驺忌子是在之后出现的，那也不大对。

因为事情发生在桂陵之战之后，当时驺忌子还反对援救赵国。

可能这个时候驺忌子是在管辖自己的城池吧。

齐威王也开始管理朝政，并且他还率领诸侯国去朝见周天子。当时周王室已经没有威慑力，是没有诸侯去朝见的，之后齐国朝见他，齐威王的名声越来越好。

再后来，因为大夫牟辛举荐人才不当，齐威王将其处死。总之，齐威王自之前被点拨醒，就开始励精图治，储备自己的力量。

而孙膑也没有闲着，努力钻研兵学。齐国的稷下学宫位于齐国国都临淄稷门附近，也因此而命名，是实际上最早的由官方举办、私家主持的特殊形式的高等学府。

稷下学宫始建于齐桓公田午时期，形成的一个原因就是田齐为了争夺舆论而扶持的，是齐国君主咨询问政及稷下学者议论国事的场所，后来在齐威王、宣王时达到鼎盛，因此促成了百家争鸣的局面，百家争鸣就是以齐国稷下学宫为中心的。孙膑是齐国人，现在又在齐国，应当曾参与稷下讨论进而受到影响。

这让孙膑融会贯通，汲取了各种先进的思想。

三、孙膑兵法·官一

这篇是综合论述临敌的一些战术，以及一些军事措施，并对多种情况下的战术，作了详尽的具体的分析。

首先说的是将领任职时该怎么做，以及怎么治理士兵。

孙膑说：将领的任务是治理士兵，布阵统兵，所以要选用称职的人，并且按照他们的职位给他们相应的服饰与车辆和彩色旗帜，如果以后他们升职或降职，都要遵循统一的标准。

旗帜是各部队的标识，不同颜色的旗帜和不同的图形含义各不一样。

在编制军中队列的时候，可以把同一籍贯同一地区的士兵编制在一起，并且从同乡里选拔出有才能的人作为统领他们的官长，并用金鼓传达命令。

因为这样，士兵之间可以相互迅速熟悉，更易于沟通，而且当时人们的乡土观念、宗族观念都很浓，所以按籍贯编队，更容易管理，他们之前也会更加团结，发挥更大的作战威力。

只用在对引诱迷惑敌军的时候，行军才可以用散乱的队形，平时行军时要队形严整，前后跟从步调一致，必须按照次序行进。想要围困住敌军就要用囚逆阵，这个阵形就是像绳索一样绵亘不断围绕；在要隘之地部署重兵以威慑敌军，可以使用楼车布阵进行弩战；防止军兵疲困的阵形是防御阵形；长距离驰援时，各部队要彼此靠拢，免得被敌军打散；激战时为了避免士兵疲倦，要交替使用各种部队，也可以使敌军防不胜防。

攻坚用雁行阵；圭形是上宽下窄，顶头是个尖的形状，圭形阵是面向丘陵地布阵用的，可以有效地攻击敌军；在平坦的地方交战，撤退前为了不让敌军追捕，可以先发动进攻以迷惑敌军，并且部署兵力作后卫掩护；遇到两军混战，己方士兵与敌军士兵混在一起时，可以运用精锐部队，寻隙觅缝迅速地攻击敌军；在杂草荆棘丛生的地方作战，为防止影响己方士兵，要开辟出畅通的道路，以便离开或者进攻；作战胜利后军队归来的时候，要保持阵形严整，军容威武，以振国威。

排成蜿蜒曲折而行的逶迤阵适合在遇到荆棘阻路的地方使

用，这样降低被阻拦的机会，经过山林地带要以曲折阵形确保队伍一次通过；军队在停止作战休整的时候，要布成雁形阵势以保安全；在地势险要的地带作战，要集中兵力配合多种兵器协同作战；反攻或者退军的时候要注意隐蔽，并且注意交替掩护；袭击城池要像浩荡的水流一样横扫千军。

关于夜间的一些注意事项：在难以分辨路径的夜间撤退要设有明显的标志便于识别；夜间警戒通信要有符节作为凭证，以防止敌军混入。

插入敌阵攻敌时，派遣舍生忘死的士兵前去更容易完成使命；和敌军短兵相接的时候，要使用长兵器和战车，这样就是用自己的长处攻击对方的短处，更容易胜利；紧急运送军用物资要用最好的快车。整夜巡逻，宜至天明，并有联络信号互相呼应，从而保证夜里驻扎的安全。

要想战阵精锐就要排列成锥形阵，兵员不足的时候，布阵要把各兵种混合编队，以便协同作战；如果兵力充足，混合编队是因为便于防御敌军进攻。为了保持队伍整齐，就要休整阵队，要结成阵势。应对紧急突发的事变的时候，就要采用各种兵器齐上阵的形势攻击敌人，就如同黑云压城。像狂风扬尘一般冲入敌阵展开厮杀，是为了在敌人惊疑之际有机可乘。

隐蔽自己的兵力，使用欺骗的谋略，是为了引诱敌军上钩。

借助山区复杂的地形设伏，是为了在山地战中消灭敌军。不把作战意图告诉身边的士兵，是为了保守作战机密。

广列兵器，在显眼之地多布旗帜，是为了迷惑敌军。动用快速勇猛的部队和轻便的战车，是为了追击败逃的敌人。

在敌军的威胁下转移部队，是为了避开强敌，保存实力。谨慎地借助一侧潮湿地带驻军，是为了更好地防范敌军使用火攻战术。故意装出行动迟缓散漫、躲闪避让的样子，是要引诱敌军追赶。

挑选出精干的士兵，轻装出击，是为了迎击敌军的先锋。坚固阵势，激励士兵，是为了攻击拼命的敌军。故意破坏自己阵地的屏障，是用以迷惑敌军。

故意遗弃一些物资军械，装出退败的样子，用以引诱敌军上钩。把各种军用物资分散储存，可以保证军队取胜。使用精锐部队，是为了防止敌军劫营。

文中主要论述了军队的编组保证组织严密，在各个情况下运用不同的方法，以及一些注意事项，将领灵活运用战术正确指挥，是军队能充分发挥战斗力取得胜利的关键因素。

而在稷下学宫诸子百家中，人数最多、势力最强、著作最丰、影响最大的当属稷下黄老道家，可以说是"黄老独盛，压倒百家"。而其主要特点就是"道法结合，兼采百家"，孙膑思想上既有道家成分，又有极大的法家成分，很大程度上也有"道法结合"的特点，这应当与黄老学派的影响有关。

四、孙膑兵法·略甲

这篇残缺太多，已没有一段完整的句子，无法解读，但是从仅剩下的片段句子来看，还是可以知道一些内容。主要讲述了在临敌用兵时，如何根据不同的敌我双方所占据的形势，恰当地运用相应战术克敌制胜的战略方法，提倡统兵将领要有谋略，要依靠战术才能获胜，更要借助因时、因地、因势用兵的军事思想布置作战策略。

在这里也有一个孙膑的小传说，说孙膑曾流落吴地以做泥人为生，他在齐国出任军师后，与田忌商讨军情或者研究兵法的时候，常常以泥人泥马布阵，所以惠山人把孙膑捏泥人的技艺继承了下来，从此惠山泥人声名远扬。

虽是传说，但也侧面反映孙膑研究兵法的态度。

五、赵国·争夺君位，尚武重利

虽然齐国围魏救赵救了赵国，在公元前 351 年，魏国将邯郸归还给赵国，两国在漳水之畔缔结和约。

其实赵国以前有三个都城：第一个都城是今山西太原西南，叫作晋阳，后来迁都到中牟（今河南省鹤壁市西），最后迁都邯郸。

由此可见，赵国地域非常辽阔，跨越了今山西、河南、河北几个省。

而且赵国还是双都制，就是赵国还有一个都城，信都（今河北省邢台市），在邯郸被围困的这三年，赵国以信都为根据地，信都发挥了重要作用，使得赵国不割地而收复国都。

那是在公元前355年，赵国诸侯赵成侯立邢（今河北省邢台市）为信都。为什么叫作信都呢？当时把魏国进献之木，扩修为檀台，"檀台"是一种台阁式的华丽建筑。建成之后檀台巍峨高峻，每次赵成侯登台眺望远方的时候，就能看见群峰争辉，气势颇为壮观，这也激发了赵成侯的雄心壮志，为了表达这种信心，就将这里命名为信都。

然而公元前350年，赵成侯去世，他的儿子开始争立君位，最后是太子赵语继位，成为赵肃侯。

赵肃侯是个果敢的君主，夺取晋君的封地端氏县（今山西省沁水县东北），第二年与魏惠王在阴晋（今陕西省大荔县东）会见。

第三年又碰上公子赵范起兵叛乱，袭击邯郸，赵肃侯镇压。

第六年赵肃侯又派兵攻打齐国，夺取齐国的高唐。

第七年赵国又攻打魏国的首垣（今河南省长垣市东北）。

可以说赵肃侯是一位很强势的君主，不过他也是个能听进进谏的君主。

有一次他要带很多人出去游玩，相国拉住赵肃侯骑的马劝谏道："现在农耕很紧张，一天不劳作，百姓就一百天没有饭吃。"赵肃侯听后下车向他道谢，取消这次出行。

此外，赵国还极力推行募兵制。兵役的年龄限于十六七岁至六十岁之间。

其实赵国领土南北跨度较大，温差比较明显，适合多种农作物生长。

而且赵国的手工业比较发达，具体指农具、兵器、手工工具，这些工具都需要铁，因此赵国的冶铁业非常繁荣。邯郸为战国时期三大冶铁中心之一，赵国人民还能用铁模子生产薄壁铸铁器。

而且赵国的青铜工艺也很高超，比其他诸侯国要先进。大量手工制品流通于国内及各诸侯国市场，成为重要商品。这让赵国的经济发展得很快。

然而赵国尚武重利，长期轻视农业和内政的发展，而间接导致赵国后期长年战争中粮草和兵员的问题。

之所以这样也是因为赵国每次被攻打，首都邯郸都要受到骚扰，四周列国对赵国虎视眈眈。

后期赵国为了对付楚、齐、魏三国的联合，采取了"结秦，连韩、宋之交"的外交策略。

六、秦国·商鞅变法，发愤图强

战国初期，秦国经济比较落后，直到公元前 378 年秦献公"初行为市"，发展商品经济，情况才有所好转。

秦国地理位置相对来说还是不错的，其北、西、南三面都没有强敌。秦国的西面是广漠的草原，这里虽然贫困一些，这样秦国向西、向北这两个方向发展，有广阔的国土拓展空间。而秦国的南部是富饶的巴蜀之地。

所以，秦国的地理优势有两个：一是位居高原，把控黄河上游，对整个东方有以高凌下之势。二是周围山围水绕，外敌难以入侵，未战而先立于不败之地。

这里就与孙膑所说的《雄牝城》理论中的雄城一样。

这个时候秦国的君主是秦孝公，他继位后广施恩德，招募战士，明确论功行赏的法令，并在国内颁布了著名的求贤令，"宾客群臣有能出奇计强秦者，吾且尊官，与之分土"。

之后卫国人商鞅来到秦国，教秦孝公怎么称霸中原，孝公听了之后十分赞同，力排众议，任命商鞅为大良造，实施变法。

公元前350年，商鞅为了深化其改革，摆脱旧贵族势力的干扰，提议都城由雍城（今陕西省宝鸡市凤翔区）迁至新建成的咸阳城，得到秦孝公支持。

后来又建立县制行政，开阡陌，在加强中央集权的同时，不断促进农业生产。

对外，秦与楚和亲，与韩订约，联齐、赵攻魏国都城安邑（今山西省夏县），为秦统一中国奠定了基础。

秦国的军事管理也十分严格，服兵役的年龄在十七岁到六十岁，并且全民皆兵，也就是说，所有男子的大半生时间都要服兵役。

士兵的训练制度也很严明，有专职教官负责训练，并且不同兵种有着不同的训练任务与要求，而且还制定了严厉的刑罚保证军队训练有效。

七、楚国·休兵息民，保持实力

在围魏救赵中还有一个国家坐收渔翁之利，就是楚国。

第五章 战国与七雄：发展才是硬道理

楚宣王听从景舍的意见派兵救赵，得到了魏国的土地，又与赵、齐两国结好，魏国也不敢得罪楚国，而且后来也是景舍出面为齐、魏调解。

在魏、齐、赵争战中，楚国举足轻重，获利最多，堪称"强国"。

可见楚国当时君臣团结，政治稳定，国力强盛，为中原各国所畏惧。

楚宣王、昭奚恤、景舍等对当时楚国的恢复与强大，做出了积极的贡献。

显然，这是楚肃、宣王坚持奉行休兵自重的策略所取得的。

这里就有两个关于昭奚恤的小故事。

昭奚恤做了相国之后，与他不对付的江乙对楚宣王说："有一个人非常宠爱自己的狗，狗往井里撒尿，他邻居家的人看见了，想去他家告诉他，却被狗堵在门口撕咬。如今昭奚恤经常阻止我来拜见国王，这和恶狗堵门的情形是一样的。况且，有的人喜欢到处说别人的好处，您听了就说'这是君子'，就亲近宠爱他；有人喜欢指出别人的不足，您听了就说'这是小人'，就疏远他。然而天下还有儿子杀死自己的父亲，臣子杀死国君的事情，而您一直都不知道。这是为什么呢？是因为您喜欢听人讲优点，不喜欢听人讲缺点的缘故啊！"

这里江乙把昭奚恤比作狗，把自己比作邻居家的人，可见江乙有多讨厌昭奚恤。

楚王听了说："说得很好，两方面的话以后我都要听。"

公元前 344 年，将军景舍西灭蔡。

公元前 343 年，楚国发兵灭亡陈，令尹昭奚恤当权，北方诸国都怕他。

楚宣王问群臣说："我听说北方诸侯都害怕令尹昭奚恤，是真的这样的吗？"

群臣无人回答，江乙回答说："有一个故事可以说明这件事。老虎饿了要去吃野兽，捉到了一只狐狸，狐狸不想被吃掉就想了一个办法，他对老虎说：'您不能吃我，上天派我掌管森林中的野兽，如果您吃掉我，就违背上天的命令。'老虎自然是不相信的，狐狸又说：'那您就让我在前面走，您跟在我的后面，看看群兽见到我是不是都逃跑了。'老虎便和狐狸走在一起，果然群兽见到它们都吓跑了，老虎以为它们是害怕狐狸，却不知道其实是害怕自己才逃跑的。"

说到这楚宣王才明白过来，并笑了。

江乙继续说："现在大王的国土辽阔，有雄兵百万，但是这些都被昭奚恤掌握着。所以北方诸侯害怕的并不是他，而是惧怕大王的军队，这就像那些野兽害怕老虎一样啊。"

成语狐假虎威就是出自这两人身上。

楚宣王统治期间"广辟土地，著税伪财"，对外是极其谨慎的，采取了休兵息民的政策，保持实力，不轻易攻击其他诸侯国；但同时也暗中观察各国形势，只要有有利的时机，就也会加入兼并战争的行列，攻城略地，开拓疆域，使楚国在战国时期出现了最强盛的局面，为楚威王和楚怀王在后来的争霸战争打下了坚实的基础。

八、燕国·跻身七雄，合纵称王

燕国在这段时间里比较沉默，并没有太多政策，一直默默地发展国力，终于在公元前 380 年到公元前 355 年之间靠着战斗力跻身为七雄之一。

燕国建立之初，面临的形势是严峻的。西有游牧民族侵扰，东有渤海海浸和黄河故道的滚动所造成的沼泽地带，道路不畅，平原中部地势平坦，一望无际，无险可守。所以战事频繁，均凭武力支持，因此燕侯本人尚武，手下贵族也都是大大小小的军事统领。

战国时燕国冶铁手工业有了飞跃的进步，不仅生产工具用铁制作，战争的武器也已逐渐改用铁制成。

后来到了公元前 323 年，燕国称王。

九、卫国·被降为侯，附属三晋

卫国并不属于战国七雄之一，但是它是一个很神奇的存在。它的国土面积是非常小的，辖地大致为今河南北部，但是他又是存活时间最长的诸侯国。

在围魏救赵中有它的身影，秦国变法中也有它的身影，商鞅就是卫国人。它的首都就在朝歌。

之所以不是战国七雄之一，除了因为本身国力的问题，还因为在公元前 356 年，当时的国君卫成侯觉得国小势弱，自行贬号曰侯，成为三晋的附属国。

到了公元前 344 年，魏惠王强行废除了卫成侯的君位，改立他人为卫侯。

就像"燕赵古来多慷慨悲歌之士"一样，"卫地自古多君子"，卫国在夹缝中生存，却出过许多贤能之士。

当初孔子周游列国十四年，有十年的时间都在卫国，吴起、商鞅、吕不韦、荆轲都是卫国人。

后期卫国长期附秦，等于是秦的属国。

十、韩国·修术行道，小康之治

战国七雄中，韩国的地理位置要更弱一些，它地处黄河中游地区，东部和北部都被魏国包围，西面有秦国，南面还有楚国以及有当时已很薄弱的东周，可以说完全没有发展的空间。

也就在韩昭侯时有过短暂强盛。

公元前355年，韩昭侯起用京人（京，战国地名，故郑国之地，今河南省荥阳市东南地带）申不害进行了变法。

申不害（前385年—前337年）是法家创始人之一、思想家，以"术"著称，著有《申子》。

变法的第一步几乎都是拿贵族开刀，加强君主集中制。

申不害在韩国变法改革时就是这样。他在韩昭侯的支持下，首先向三大强族开刀，果断收回他们的特权，没收他们的府库财富充盈国库，迅速地稳固了韩国的政治局面，而且使韩国实力大增。

紧接着就是整顿官吏队伍，提高了国家政权的行政效率，使韩国朝堂上显现出一派生机勃勃的局面。

接下来就是整顿军兵，提高韩国的战斗力。他主动请缨担任韩国的大将军，将贵族的亲兵收编为国家队，进行军事训练。

他也鼓励发展手工业，特别是兵器制造。当时就有"天下之宝剑韩为众""天下强弓劲弩，皆自韩出"的说法。

而且他还特别重视土地问题，富国强兵，只有有稳定的粮食，才能强兵，这一点与孙膑的观点颇为相似。因此他主张百姓多开荒地，多种粮食。

同时，他还重视和鼓励发展手工业，特别是兵器制造。

申不害在韩国当相国这十五年，稳定国内政局，百姓生活渐渐富裕，史称"终申子之身，国治兵强，无侵韩者"。就是说只要申不害还在韩国这段时间，就没有人敢侵犯韩国。

这段时间是各诸侯国储备力量的时候。正如孙膑所说的富国与强兵的关系，要想在诸侯国中称霸，就要先富国，发展才是硬道理。

第六章

减灶与示弱：马陵之战的争议

再次让孙膑显身手的是公元前 341 年的马陵之战。

这已经距离桂陵之战有十几年时间了，这段时间各诸侯国都在发展中。

尤其是魏惠王，虽然在之前桂陵之战中输给了齐国，但是魏国后来还是扭转了战局。

这就给其他国带来了危机，尤其是秦国，魏国还想召集许多小国举行会盟，图谋攻秦。

秦孝公得到消息后，忧心忡忡，寝食难安，开始动员全国军兵，修缮防守用的武器，严加注意边防，同时还招募死士，随时等待着打仗。

商鞅现在已经在秦国出仕，他向秦孝公献了一条计策："魏国曾经有匡扶周王室的功劳，几乎能号令天下，还能召集诸多诸侯朝见天子，跟随它的人很多。以秦国现在的能力，恐怕还不能与它争夺霸主之位，大王是否可以让臣去魏国？我有办法能挫败魏国。"

秦孝公询问办法后，同意商鞅去魏国。

商鞅曾在魏国出仕过，但是没有得到过重视，他了解魏惠王，见到他之后，便大加称赞魏惠王："我听说大王能号令天下，可如今大王率领的诸侯不是宋、卫，就是邹、鲁、陈、蔡，大王固然可以随意驱使这些诸侯，但是只凭借这些力量是不足以称霸天下的。大王不如向北联合燕人，东伐齐国，到时候赵国自会服从；再联合西边的秦国，南伐楚国，韩国得知消息后就会臣服了。大王，行事合于道义，实现王业的日子便不远了。大王自可顺从天下之志，先行称王，再图齐、楚。"

商鞅抓中魏惠王自大的心理，游说魏惠王称王，以此麻痹魏惠王。

魏惠王听了，十分高兴，便依天子体制，大建宫室，制作丹衣和九施、七星之旗。

对魏惠王的妄自尊大、越礼不轨，齐、楚两国君主大为激愤。

魏惠王摆出周天子的场面，提高自己的地位，还在诸侯之间发号施令，这一年魏惠王甚至还邀请了宋、卫、邹、鲁等国君主及秦公子少官在逢泽（今河南开封市南）会盟，会盟后又率众前往朝见周天子，自称"夏王"。

种种行动都是在确立魏国在诸侯国间的统治地位，但实际上，却遭到韩国等大国的抵制，魏惠王这样做反而让韩、齐等国更加亲近了。

这就引起魏惠王大大的不满。

韩国地处黄河中游地区，它的东部和北部都被魏国包围，虽然这几年有过短暂的发展，但是外强中干，现在已经落败了。

拿它开刀最适合不过了。

而且如果韩国与齐国联手，魏国也难免过于被动。

庞涓便对魏惠王说："听说韩国与其他国密谋要攻大魏，不如趁着现在它们还没有联合起来，大王先伐韩。"

魏惠王一听，他早就想开始霸业了，这段时间又已经休养生息，更何况他堂堂"夏王"总要有威慑力，对于不听话的诸侯国要采取措施！

魏惠王同意，这次以太子申为上将军，庞涓为大将军，这是他称王后的第一次攻击，带着势在必得的决心，动用全国的兵力，向韩国出兵。

魏军经过外黄（今河南商丘市民权县西北）的时候，一个叫徐子的对太子申说："我有一个百战百胜的方法。"

太子忙问道："是什么？可以让我听听吗？"

"本来就想要呈献给您的。"徐子接着说，"太子亲自领兵攻齐，即使胜利了，富也不过本来拥有的魏国，尊贵也不过就是做魏王。如果不能战胜齐国，那就会后代子孙也得不到魏国了。这就是我的百战百胜的方法。"这话里的意思就是劝太子回国，此次一去怕是回不来了。

太子申听后道："好吧，我一定听从您的意见回国去。"

徐子悲伤地说："太子就算想回去也不可能回去了。那些想从太子打仗中得利的人太多了。"

他的驾车人也说："将军领兵刚出来就回去，和打败仗是一样的。"

太子申最后还是去韩国打仗了，至于他的结局是否和徐子说的一样呢……

最初魏军还是比较顺利的，在南梁（今河南省汝州市西）和霍（今河南省汝州市西南）击退了韩国的军队，韩昭侯立刻向齐国求救，毕竟之前他们还称兄道弟，一起反对魏惠王逢泽会盟，齐国肯定会援救的。

而齐国也确实会援救的，只是问题在于，是早救还是晚救韩国。

齐威王又一次召集所有大臣，与众臣商议何时援救韩国。

如同上一次，驺忌子还是认为"不如不救"。在他看来坐收渔利更重要，发展自己本国的经济才是正道。

在《史记·田敬仲完世家》中记录了驺忌子是不赞同救韩的，不排除是笔误。

而田忌、田婴这些偏武将的大臣则认为："如果不救或者援

141

救得太晚，那韩国已经投靠了魏国，不如早救。"

齐威王又看向军师孙膑："不知道先生是怎么认为的呢？救还是不救，如果救了是早救还是晚救？"

孙膑回道："魏国自称为王，自认很强，他之前攻打赵国，现在又打韩国，下一个说不好就是齐国，更何况也不能把韩国送给魏国，所以要救韩国，但是不能早救。"

"哦？这又是为什么？"

"现在魏国打韩国，两国还没有打得精疲力尽，我们如果去救韩国，就是代韩国承受魏国的进攻，韩国反而安全了，我们受制于韩国。所以要晚救韩国。"

齐威王赞同地点点头。

孙膑继续说："况且，这次魏国有攻破韩国的打算，在韩国要灭国的时候，我们再去援救，雪中送炭，可趁机与韩国的关系更加亲密，而且那个时候魏国的军队更加疲惫，我们打起来更容易一些，这样不但能有更大利益，也可以得到其他人的尊敬。"

齐威王忍不住称赞："妙哉！"

之后就告诉韩国侍者："齐国的军队很快就会到达，请竭力抵抗。"

韩昭侯大喜，以为齐国的援军很快就到，开始拼命抵抗魏国的攻击，然而五战五败，齐国的援军都没有到，就又派使臣前往

第六章　减灶与示弱：马陵之战的争议

齐国求救。

这个时候，齐威王才派去军队，以田忌为主将，田婴、田盼为副将，孙膑为军师，攻打魏国。

这次多了两个新的人物，田盼与田婴，两人生卒年不详。

田盼是何人？齐国之宝。

田盼亦称齐盼子，就是魏惠王向齐威王炫耀宝物时，齐威王说我有活的宝物，其中提到的盼子，是齐国屡立战功、威震邻国的名将。

威王时，遣盼子守高唐。那时还未建高唐县，高唐只是齐国西陲的一个重镇，称高唐邑。当时，黄河自西南而来，在高唐邑西转弯北上，过固河村西后又转向东北。盼子凭河为险，设防卫齐。他国不敢来范。

而田婴则更出名了，靖郭君田婴，亦称婴子，齐威王的小儿子，后来继位的齐宣王的异母弟。当然，他最出名的是有个有名的儿子，他是孟尝君田文之父。

田婴特别能生，有四十多个儿子，他的一个小妾在五月五日生了个儿子，就是田文。

结果田婴认为这个出生日期不好，于是告诉田文的母亲："把他扔了吧，不要养活他。"

田文的母亲哪里舍得，还是偷偷地把他养活。

等田文长大后，他的母亲便通过田文的兄弟把田文引见给田婴。

田婴十分生气，对他的母亲说："我不是叫你把孩子扔掉吗？你居然把他抚养长大，这是为什么？"

田文胆子十分大，并不惧怕田婴，在他母亲还没有回答的时候，田文立刻叩头大拜，接着反问田婴："请问您不让养育五月出生的孩子，是什么缘故呢？"

田婴的回答很迷信："因为五月出生的孩子，长大后会和门一样高，克父克母。"

田文接着询问："那请您告诉我，人的命运是由谁授予的呢？是上天呢？还是门户呢？"

田婴一时语噎，不知如何回答，便没有回答。

田文便自己回答："如果命运是上天授予人的，没有人能管得了上天，那您何必忧虑呢？如果命运是由门户授予的，那么只要加高门的高度就可以了，这样谁也不能长到那么高了。"

田婴无言以对，恼羞成怒，于是斥责他："你不要再说了！"

这件事于是就不了了之了，田文也在田婴面前展现了自我。

没想到过了一段时间，田文找了个机会询问田婴："儿子的儿子叫什么呢？"

田婴回道："叫孙子。"

第六章　减灶与示弱：马陵之战的争议

田文又问："孙子的孙子叫什么？"

田婴答叫玄孙。

田文继续问："那玄孙的孙子叫什么？"

田婴回答说："我不知道了。"

田文这才说道："您执掌齐国大权担任国相，到现在已经历三代君主，可是这么长时间齐国的领土没有扩大，您却有万金的财富，您的门下也没有一位贤能之士。您的姬妾有无数的绫罗绸缎甚至可以不珍惜，可是外面那些贤士连最粗糙的衣服都穿不上；您的男仆女奴有饭有肉还可以剩下，而贤士吃糠咽菜都吃不饱。现在您还一直不停地聚敛财物，是想留给那些您连名都叫不上来的人吗？可是您却忘记国家在各诸侯国中一天天地败落。"

最后把内容拐到了上面的问题，玄孙的孙子不知道叫什么，那又何必积攒那么多积蓄呢？不如顾好国家。

从这以后，田婴发现田文不大一般，对他的态度有所改变，非常器重他，开始让他主持家里的事情，让他接待宾客。

在宾客来往不断中，田文的名声也随之传播到诸侯国中。

各诸侯国都派人来请求田婴立田文为世子，田婴便答应了。田婴去世后，田文在薛邑继承田婴的爵位，是为孟尝君。

齐威王派这些能人去救韩国也是带有势在必得的意思。

田忌这次还是打算直接奔着韩国去。

孙膑笑道："将军，不可不可，当初我们援救赵国，也不曾到赵国。这次救韩国，为何还要去韩国呢。"

田忌询问道："那军师的意思，应该怎么办呢？"

孙膑道："解开纷争的方法，在于攻打他重要的地方就是在救韩国。为今之计，只有直接去魏国的首都了。"

御史田忌号令三军向魏国的都城出发。

这个道理其实就和当初的围魏救赵是一样的。

当时庞涓连败韩国，已经逼近了韩国的都城，突然得到了本国的警报："齐兵直逼魏国，希望大将军速速回国。"

庞涓大惊，马上传令下去，离开韩国回魏国，而韩国也没有再追赶。

同样的招数为什么这一次还能成功呢？

一来此时的情况实际上比围魏救赵更合适，因为魏国倾全国之力来攻打韩国。

二来就是庞涓连同魏国经过几年的休养，魏惠王又称王，对自己过于自信，认为可以无所不能。

最后就是这里距离魏国还有一段距离，庞涓前去阻拦孙膑，或许可以将齐国与韩国收入囊中。

齐军已经越过边界向西挺进了，孙膑得知庞涓就要到了，便告诉田忌："魏军自负，又向来凶悍勇猛，他们看不起齐兵，认为齐兵胆小怯懦，作为齐兵的将领，如果是一个善于指挥作战的将领，就应该利用这个想法，顺应着这个趋势并加以引导。兵法上说，百里而趣利者蹶上将，五十里而趣利者军半至。"

这句话的意思是：用急行军走百里和敌人争利的，有可能折损上将军；用急行军走五十里和敌人争利的，可能有一半士兵掉队。

田忌忙询问："那该如何引诱他们？"

孙膑道："命令军队进入魏国境内后先砌大约十万人做饭的灶，第二天就砌昨天一半数量的灶，第三天砌三万人做饭的灶。魏军见到我们的军灶减少，肯定认为我们逃兵过半，到时候会兼程追赶咱们，其气必骄，其力必疲。"

田忌按照孙膑说的下令。

再说庞涓一直追赶齐兵，他心中想着本来韩国一直兵败，正是时候进攻，偏偏被齐兵打断，不得不放弃韩国，越想越气，这一次一定要将齐兵打服。

果然庞涓见到齐兵留下的安营扎寨的痕迹，让人去数兵灶，足足有十万个，大吃一惊："齐兵人数如此之多，不可轻敌。"

到了第二日，庞涓继续派人去查看齐兵的兵灶，发现只有五万个，再过一天就剩下了三万个。

庞涓想到齐兵素来的情况，立刻就认为齐兵是惧怕魏军，连忙告诉太子申："这是魏国的福气，我之前就知道齐国人素来胆怯，今天才入我魏国三天，这些士兵就逃跑了一半以上，齐军斗志涣散，哪里敢和我们对抗！"

太子申道："齐人多狡诈，军师还是要留意。"

庞涓笑道："田忌今日来送死，我定要生擒田忌等人，以雪桂陵之耻！"当即下令部队丢下步兵和辎重，只带着一部分轻装精锐骑兵，日夜不休地追赶齐军至马陵。

孙膑时刻派人查探庞涓的消息，得知庞涓如此安排，算了下路程，日落后必到马陵（在今河南范县城西）。

马陵在两山之间，两旁树木密集，道路又深又窄，最适合埋伏。

孙膑观察地形之后，在路旁选了一棵大树，将树皮剥掉，上面写上"庞涓将死于此树之下"几个字。

然后选了一万名弓箭手分别埋伏在道路两侧，吩咐道："夜里在树下看到火光时，一起放箭。"

又令田婴等人带着士兵埋伏在马陵三里之外，等到魏军过去后，从后面截杀。

如此安排好，便只等着庞涓到来。

庞涓一路追赶，到达马陵之时已经太阳落山，山中更是黑得早，赶路困难。

就见前面树上似乎有字迹，却看不清，便有小兵取来火把，庞涓从火光中才看清字迹，大惊："不好，中计了，速速退回去！"

然而此时已晚，埋伏的齐兵见到火光，万箭齐发，魏军大乱。

庞涓也身负重伤，此时智穷力竭，已经没有办法挽回局面，也明白若是再被擒，恐怕不会那么容易脱身，更何况，魏国此次一败，元气大伤。

已两次败在孙膑手中，加上庞涓本人心高气傲，羞愧之下他拔剑自刎。

在今淄川区商城路街道办事处将军头社区，相传就是当年庞涓的埋颅之处。

据《淄川县志》记载："庞涓墓在县西南里许。"原有一高大墓冢，墓冢前立一石碑，上刻魏将军庞涓之墓。这个村子就叫作"将军头"。1963 年文物复查时，墓碑尚存，后墓逐渐被毁，现地面已无标志。

庞涓与孙膑这对师兄弟实在是让人感叹，庞涓身为鬼谷子的弟子，定然也是能力非凡，若不是因为嫉妒孙膑，也不会落得如此下场。

鬼谷子的弟子相传有许多，每一个都建功立业，留下一定的传说，唯庞涓只以害孙膑的故事流传下来，却无其他功绩。

可见一个人的性格对命运的影响有多大。

齐军乘胜追击，又连续大破魏军，魏军尸体遍地，那些轻重兵器都归齐军了，并俘虏了魏军主帅太子申。太子申不想受辱，也自刎而死，正如当初徐子所说，太子申不能得到魏国。

田忌与孙膑班师回国，齐威王大喜，设宴款待，相国驺忌子想到自己曾经否定过这场战役，心中有愧，并没有前来。

而且驺忌子害怕齐威王会让田忌代替自己成为相国，只在思索该怎么办。暂且不提他，只说这次马陵大战之胜。

齐威王斩下庞涓的首级悬挂在国门处，以示国威，又告诉其他诸侯国这次的胜利。

齐国援救了赵、韩两国，威望上升，借着这次战胜魏国的机会，齐国国力发展迅速，成为当时首屈一指的强国，称霸中原。

马陵之战是中国战争史上关于设伏歼敌的战例，孙膑通过对庞涓的了解，利用庞涓骄傲自大的弱点，制造假象，导致庞涓被牵着鼻子走，齐军始终站在主动地位。

孙膑也因此扬名天下，马陵之战也成为《孙膑兵法》中的一个案例。

第六章　减灶与示弱：马陵之战的争议

孙膑兵法·陈忌问垒

陈忌即齐国大将田忌，古时"陈"与"田"相同。问垒就是询问堡垒战法之意。

一次，田忌与孙膑探讨兵法："如果我军行军中突然遇到敌人，但是我军兵力薄弱，自知很难抵挡住敌军的进攻，遇到这种情况应该怎么办呢？"

孙膑笑着回答说："这真是个聪明的问题，只有聪明的将领才会提出来，这也是人们常常忽略而不看重的问题。"

田忌忙道："那您可以给我讲讲具体原因吗？"

孙膑说："当然可以。如果突然被困住，或者进入不利于军队行动的地点时都可以使用这个解决方法。当初我在马陵战胜庞涓并抓到魏国太子申用的就是这个方法。"

田忌拍手说："如此真是太好了！只可惜事情已经过去了，已经无法看见当时的情景了。"

孙膑说："当时遇见敌军或者是进入险境，并没有来得及构筑壁垒的时候，我用蒺藜布阵，起壕沟的作用。蒺藜是一种植物，上面有刺，有防御的作用。

"战车、盾牌这些都是行军时必备的，可以利用战车摆好阵形，把它们当作作战用的壁垒。盾牌也可以防御，可以当作城头带洞的矮墙，摆列好，这样还可往外射箭。

"在盾牌后面部署用长兵器的士兵，他们作为紧急救援部队。让使用小矛的部队在长兵器部队的后面，作为支持他们的部队。而使用短兵器的部队，则用来断敌军后路，截击疲困的敌军。弓弩兵要在蒺藜后面，然后按指令射击敌军，可以当作抛石机使用。注意让弓弩兵这样就算部署完毕了。"

前面说了士兵种类的安排，又说了怎么部署士兵。要因时、因地、因人而异地巧妙运用，利用仅有的工具。

"如果是在堡垒中，弓弩兵和用戟的兵要等着派侦察人员回来汇报敌情后，按照指令再攻击，他们的人数各占一半。而且在离守卫阵地五里远的地方设置观察人员，观察人员和守卫阵地的士兵相互看得见，这样可以互相联络，夜间用鼓声联络，白天举旗联络。如果是在高处，就设置方形瞭望台；如在低处，则设置圆形瞭望台。"

这篇是孙膑对马陵之战的补充，即如何在野外与庞涓对抗的详细情况，怎样排兵布阵。

经过马陵之战，魏国元气大伤，失去了霸主地位，被迫率领韩国和一些小国到徐州（今江苏省徐州市）朝见齐威王，尊齐威王为王，齐威王不敢独自称王，于是也承认了魏的王号，史称

第六章　减灶与示弱：马陵之战的争议

"徐州相王"。

所以战国中后期的君主的谥号都是××王，而之前的谥号都是××公、××侯，如齐桓公、晋文公、魏文侯、韩昭侯、秦孝公等，吴、越、楚三国春秋时期已称王。马陵之战虽然没有桂陵之战那般有名，但是也成为中国古代战争史上的著名战例。

然而关于马陵之战的争议也非常多。

首先是马陵之战的时间点争议比较多。《史记》中写的马陵之战是魏襄王与齐宣王之时，这俩人是魏惠王与齐威王之后的君王。这是因为魏惠王与齐威王徐州相王后才改的元，《史记》将改元后的年号当成新王年号，但这并不准确。

第二个是两国将领的争议。马陵之战双方交战的主要将领究竟是孙膑和庞涓，还是田盼和太子申，千百年来众说纷纭。在《史记》中后者为主将，不排除孙膑与庞涓是谋士的可能。

第三个是马陵具体是哪里的问题。马陵的地点根据一些说法，是属于齐国，而不属于魏国，且离大梁较远。如果魏国是抵御齐国入侵，那就不应该去马陵。

另外，前面写过太子申领兵与齐国交战前，曾路过宋国外黄，被外黄徐子规劝不要出战，而外黄是今商丘民权县，在今开封的大梁以东，从大梁出兵前往马陵并不需要路过外黄。

因为争议过多，所以有人认为马陵之战根本不存在，但这种

说法没有得到普遍认可。

而马陵之战对这些诸侯国又有什么影响呢？

齐国：虽然齐国在此次战役中是最大的胜利者，但是称王之举也招来南方霸主楚国的忌恨，楚国马上出兵占领徐州，齐国连连战败，被迫乞和。

魏国：在桂陵之战与马陵之战中遭受重创，国力和军事实力大大被削弱，又被秦国乘虚而入，从头号强国沦为二流强国，于是开始寻求组建联盟以共同抗击齐国、秦国的夹击，开启了合纵连横的时代。

楚国：公元前334年齐、魏"徐州相王"后，楚国不满齐国称王，两国矛盾逐渐浮现出来。因齐国的挑拨，公元前333年在徐州之战的同时，又发生了越、楚之战。在楚国有力的打击下，越国灭亡，吴越之地尽为楚国所占有。公元前339年至公元前329年，楚军攻陷巴国国都江州（今重庆市渝中区）及其北的陪都垫江（今重庆市合川区），并进入云南和四川西南部。故《史记·秦本纪》曰："楚南有巴渝，过江南有黔中、巫郡。"楚宣、威王统治四十年，励精图治，对外利用矛盾，伺机出击，使楚国在战国中前期成为雄踞大江南北一泱泱大国。

韩国：这一战对韩国无本质影响，韩国本想借此削弱完全包围自己的魏国，目的虽然达到了，但魏国衰败，齐国、秦国和楚国对中原的觊觎，使得韩国唇亡齿寒，不得不选择继续与魏国站在一起，抵御强敌。

秦国：在马陵之战中秦国坐收渔利，不出一兵就令魏国国力大大衰弱，魏国从此再也无力独自阻止秦国向东的扩张。

之后商鞅趁机对秦孝公献策："秦国和魏国早晚有一战，不是魏国兼并秦国，就是秦国吞并魏国。魏国与秦国以黄河为界。对它们形势有利的时候它们向西侵犯秦国，形势对它们不利的时候它们向东扩展领地。如今大王圣明贤能，秦国繁荣昌盛。而魏国刚刚被齐国击败，国力衰退，这正是秦国攻打魏国的好时候啊，秦国的攻势它们必然抵挡不住，然后魏国会向东撤退。秦国就占据了魏国撤退留下来的土地，可以控制东边各国诸侯，这是一统天下的基础啊！"

秦孝公听后同意商鞅的建议，利用这次机会攻打魏国，派商鞅进攻魏国河东，魏国派公子卬迎战。商鞅与公子卬是相识的，于是商鞅派使者给公子卬送了一封信，说："我当初在魏国与公子相处得很好，没想到现在你我在战场上相见了，我不忍心攻击公子，不如我们订立盟约，之后痛痛快快地喝几杯然后各自撤兵，这样皆大欢喜，秦国与魏国都没有事，多好啊。"

公子卬信以为真前去赴会，却被俘虏，然后商鞅趁魏国没有将领带兵攻击魏军，魏军大败。这个时候正如商鞅说的，魏惠王只能向东撤退，被迫割让部分土地求和，商鞅因此战功获封十五邑于商，号为商君。

这些都是马陵之战铺垫的结果，齐、魏马陵之战是《孙子兵法》和《孙膑兵法》的具体运用，闪烁着孙膑军事思想的光辉。

第七章

田园与兵书：归隐著传世国宝

虽然孙膑因马陵之战声名鹊起，但是在这之后就几乎没有他的音讯了，孙膑生活在约公元前380到公元前320年之间，从马陵之战公元前341年之后，虽然齐国还发生过一些大大小小的战争，但是都没有了孙膑的身影。

极有可能是，孙膑名扬天下后，不想被名声所累，又有齐国王氏权谋倾轧，于是选择归隐田园，专心研究兵法。

在马陵之战结束回齐国的路上，孙膑与田忌曾有过一次私密的对话。

当时田忌活捉魏国太子申，正是春风得意之时，孙膑询问田忌："不知道大将军是否想干一番大事业？"

田忌笑道："这是自然的，怎么做呢？"

孙膑想了想，田忌是一个善于打仗的人，性格虽然有些急躁但是愿意听从谋士的建议，对他也有恩情，所以便道："大将军回齐国的时候不要解除武装，暂时放弃那些老弱且疲惫的士兵，让他们把守这里，这里的道路比较狭窄，只能通过一辆战车，如果两辆车并行的话就会相撞，这样这些被放弃的老弱疲惫的士兵会发挥出更强的战斗力，可以以一当十，以十当百，以百当千。

这样将军就背靠泰山，左边有济水，右边有高唐，可以把辎重直接运到高宛，您只需要派出轻便的战车和精锐的骑兵就可以冲进齐国首都的雍门。这样做，您就可以手握齐国的政权，而成侯驺忌子肯定会离开。不然，您可能无法顺利回到齐国。"

田忌没有想到孙膑说的会是这件事，他对权力并没有太大的野心，心中只是希望齐国能成就霸业。

如果按照孙膑说的办法回齐国，恐怕是对齐国不利。

况且驺忌子也是有才能的人，留在齐国对齐国也很好，若是赶走他，齐国就损失一个人才。

田忌最终也没有听从孙膑的建议。

孙膑倒是不惊讶田忌的选择，田忌对待权谋上并没有那么敏感，而且性情直率，只是希望驺忌子能高抬贵手。

孙膑向田忌提出这个建议，也并非是他随便说的。

根据他在齐国这些年来看，齐国的政治环境偏向宗室，也就是说一般掌握大权的多是田姓的宗亲。

而驺忌子毕竟是外姓人，现在田忌正在风头上，驺忌子定然会担心自己的地位，怕田忌代替他成为相国。

其次就是驺忌子与田忌的政治理念是不一样的，甚至可以说是完全相反的。

根据之前驺忌子对桂陵之战和马陵之战的态度，驺忌子是反对作战的，他一心想要治理内政。而田忌与孙膑觉得现在这种局势，对外扩张是难免的。

这两次战役驺忌子虽然反对却还是同意由田忌领兵，很有可能就是想借刀杀人，如果田忌兵败，恐怕也不能活着回来了。

孙膑在魏国吃过庞涓的亏之后，对这些政治手段便十分上心，也深深觉得自己并不适合玩弄权谋，他虽然懂得这些手段却还是一心想要研究兵学。

而正如孙膑所想，驺忌子正与自己的谋士公孙闬（生卒年不详）密谋，怎样除掉田忌与孙膑。

公孙闬的生卒年不详，又作公孙阅、公孙成、公孙戍，现实中驺忌子的谋士，后来成为了田婴与田文两代人的谋士。

公孙闬便出了一个主意，他假扮成田忌的家臣，拿着十锭金子，去街上找了一个算命占卜的说："我是田忌的人，奉田忌大将军之命，要求一卦。"

卦成，占卜者询问："大人求什么？"

公孙闬故作小心翼翼地说："我家主人是田氏宗族，手里握着大权，现在又威震诸侯国，如今想谋大事，请你卜一下吉凶。"

占卜者大吃一惊，忙道："此等忤逆之事，我可不敢占卜！"

公孙闬也不强求，只嘱咐道："你既然不肯占卜，那便罢了，不要泄露出去。"说完便离开了。

紧接着驺忌子便派人将占卜者捉拿起来，说他要谋反，是叛臣田忌的手下。

占卜者连忙道："虽然有人来找我，但是我没有占卜，也与田忌没有关系的！"

驺忌子便入朝将这件事告诉齐威王，又拿占卜者为证人。

齐威王果然怀疑田忌，派人每日查探田忌的行为举止。

刚刚回国的田忌知道后，为了不让齐威王怀疑自己，忙以生病为借口辞去兵权，孙膑也跟着辞去了军师的职位。

之后再也不曾听到过关于孙膑的消息。

而田忌则找了个机会逃到楚国去了。

而就算田忌到了楚国，驺忌子对田忌还是比较忌惮，担心田忌借着楚国的势力再回到齐国和他争夺权力。

这个时候又出来一个谋士杜赫对驺忌子说："我愿意帮您把田忌留在楚国，不会回来。"

驺忌子自然是同意。

之后杜赫便去了楚国，对楚宣王说："大王，您应该知道驺忌子对楚国并不是很友好，但是您知道原因吗？原因就是他担心田忌通过楚国的势力再回到齐国。所以不如大王把楚国的江南赐给田忌，向驺忌子表明田忌会留在楚国不会回来，这样驺忌子就会对楚国很友好。而田忌本身是个出逃的人，他这种情况得到您给的封地，肯定会感谢大王，哪怕将来他会返回齐国，也会维护齐国和楚国的关系。这样您利用他们二人之间的矛盾，做出有利于楚国的决定。"

楚王听了之后，同意将江南赐给田忌。

有人说孙膑跟随着田忌一起去了楚国，也有人说孙膑就在齐国，隐居著书。

这里虽然主要是因为孙膑自己有心隐居，也有田忌与驺忌子矛盾的元素，但更有公孙闬在其中出谋划策的缘故。

公孙闬其实是个比较精明的人，他之前曾是田忌的谋士，后来却成了田婴与田文的谋士，这是因为他帮田婴保住了封地。

齐威王年纪大了，想要给儿子田婴封地，思来想去，决定让田婴去薛地，把薛地封给他。

薛地离楚国比较近，楚威王是楚宣王的儿子，他听说这件事之后，十分生气，要讨伐齐国。

因此齐威王考虑停止封地。

田婴自然是不乐意的，薛地繁华，如果换其他的地方怕没有这个繁华，甚至可能不给他封地。

这个时候公孙闬对田婴说："您能否得到封地并不在齐威王，还是要看楚威王，我去说服楚威王，他之后会比齐威王更想封赏你的。"

第七章　田园与兵书：归隐著传世国宝

田婴回道："如此甚好，那这件事就拜托你了。"

公孙闬见到楚王之后，对他说："大王，鲁国和宋国因为弱小所以才讨好您，而齐国因为比较强大所以不会讨好楚国。可是大魏现在偏偏只看到了鲁国和宋国弱小而带来的利益，却不担心齐国的强大。齐威王将薛地封给田婴，这样田婴的势力会越来越强，到最后比国君的势力还要强，这样反而削弱了齐国的势力，使齐国变得弱小。所以，希望您不要制止。"

楚王听后，觉得公孙闬说得有理，因此不再阻止齐国给田婴封地。

之后，齐威王就将薛地封给了田婴。

至此，公孙闬便在田婴身边当谋士。

再后来，田婴去世后，公孙闬便在田婴的儿子孟尝君田文手下当谋士了，有一次孟尝君出使楚国，当时的楚王要送给他一张珍贵的象牙床。

当时护送这个象牙床的是一个姓登徒的人，他并不喜欢这个差事，正好他与公孙闬相识，因此便找到公孙闬："公孙先生，我有个差事，就是给孟尝君送象牙床，但是这个象牙床太金贵了，价值千金，运送的过程中就是损坏一点点，我就是卖妻卖儿也赔不起。希望先生能让我免掉这个差事。我就把先人的宝剑送给您！"

公孙闬听了之后，很爽快地答应了，便去拜见孟尝君："听说公子要接受楚王赠送的象牙床？"

孟尝君回道："正是，怎么了？"

公孙闬便建议孟尝君不要接受这个礼物。

孟尝君有些奇怪："这是有什么缘故吗？"

公孙闬才解释道："因为您在齐国帮助贫困的人，在诸侯中也有美名，所以五国都把相印给您，仰慕您的仁义与廉洁。而且，您在楚国接受这样贵重的礼物，再去其他小国，他们又拿什么样的礼物送你呢？所以臣希望您不要接受这个礼物。"

孟尝君觉得他说的有道理，便痛快地同意了。

公孙闬这才离开，只是脸上带了些笑意，步伐也有些快。

孟尝君见他这个样子，心中有些怀疑，又叫住，询问："先生不让我收楚王的礼物，这确实是个不错的建议，可是先生为何这么开心呢？"

公孙闬笑道："因为我有三件大喜事，还得到了一把宝剑。"

孟尝君便询问到底是怎么回事。

公孙闬才解释道："第一件喜事，公子门客三千，但是只有我敢进谏。第二件喜事是，公子能听进我的进谏。第三件喜事是，我的进谏可能阻止公子犯错。最后关于宝剑的事，是因为为楚王护送象牙床的登徒不愿意送床。他答应如果能不让他护送象牙床，就送我一把先人的宝剑。"

孟尝君询问道："不错。先生收到宝剑了吗？"

公孙闬回道："没有得到公子的许可，我并不敢接受这把宝剑。"

孟尝君哈哈大笑："赶快收下吧。"

后来，孟尝君因为这件事就在门上写了一行字：如果能传扬田文的名声，且又能进谏田文阻止他犯错，就算私自在外面获得钱财珍宝，也要迅速进谏！

公孙闬机智过人，面对楚王还有孟尝君时都是不慌不忙，不管公孙闬到底是为了宝剑还是为了孟尝君，他所进谏的内容都是可圈可点的，也能说服孟尝君。

只是在驺忌子与田忌之间，公孙闬所作所为并不正义。

而后来也不曾有田忌与孙膑的信息，相传孙膑应该是与田忌在一起，归隐田园，专心著书。

最后写出了重要军事著作《孙膑兵法》，其中一共有三十篇。

前面已经说过与阴阳家思想有关，带有一点点"玄学"性质的《月战》《地葆》《延气》。

与阵形有关系的《十阵》《八阵》，因受三晋文化影响而带有法家思想的《杀士》《行篡》。

用兵器作比喻谈论战术的《势备》《兵情》，与齐威王谈论兵法的《威王问》《见威王》《强兵》。

怎样选兵的《篡卒》，赫赫有名的围魏救赵《擒庞涓》，关于十种敌强我弱的作战对策《十问》，如何做一个善于作战的将军《善者》，与地势有关的《雄牝城》，综合论述临敌的一些战术《官一》《略甲》，以及关于垒战的《陈忌问垒》。

这样一来，还剩下作为军中将领如何从主、客两军布置兵力的《客主人分》，论述用不同方法对阵五种不同的敌军的《五名》，强调"恭""暴"两种手段要交替使用的效果的《五恭》，分析了作战失利的各种因素的《兵失》，讲了身为将帅必须具备仁、义等品质的《将义》，介绍将帅身上导致战争失败的各种缺点的《将败》，讲述临敌指挥决策问题的《五度九夺》，主要阐述积疏、盈虚、径行、疾徐、众寡、佚劳六对矛盾的相互关系的《积疏》篇，阐述了奇正之间具有相互转变的关系以及如何运用奇正的原则来克敌制胜的《奇正》篇。

一、孙膑兵法·客主人分

用兵作战有客军和主军的分别。

处在进攻地位的是客军，兵力需要是对方的一倍。主军就是处在守势地位的军队，兵力只有客军一半。这样，客军才可以与对方交战。

而如果进入阵地的时候，主军先进入，占有有利地形，这样客军就要在主军的后面，只有攻破关隘，从险要的地点进入交战地点。

客军的优势又不如主军了。

所以只有会利用形势和地形的人才是善于用兵的人。

如果是带着数十万的士兵去作战，就算百姓有富余的粮食，也很难保证军队的供给。

这就是养兵的时候觉得兵多，可是用兵的时候却觉士兵少，兵力不足的原因。

这种情况下，要善于将敌军的兵力分散，相互之间又不能救助，这样就算是自己的兵力非常少，作战时也并不觉得兵力少，就算是他们有坚固的铠甲、精良的兵器，也发挥不出来，如果不会将敌军兵力打散，就算是自己的兵力多于敌军，也还是会觉得兵力不够用。

士兵的数量并不是取胜的关键，不然干脆双方说出士兵数量就可以知道作战的结果了。

国家富足、有足够的军粮也不一定就能取胜，不然就干脆说出双方的粮食就可以知道作战结果了。

那么，有精良的兵器和坚固的盔甲是不是就一定能取胜？也是不一定的，这样胜负就很容易预先知道了。

所以说，就算士兵少不见得就会作战失败，国家贫困不见得就有危险。

最终决定作战胜败的还是要掌握用兵的规律。

那么，怎么分散敌军呢？作战时要想办法钳制敌军左翼然后攻击敌军右翼，敌军右翼失败了，左翼被钳制不能救援。反之亦然，攻击左翼钳制右翼依然可以。

这样的话敌军就不敢主动出击，只能远远地避开，这造成敌军近处兵力少，不够用，远处的兵力分散，不能支援。

这篇主要论述了如果敌军兵力充足、国家富有、武器精良也都不用担心，利用好地利，分散敌军也是可以取胜的。此外，还讲了具体怎么分散敌军。

二、孙膑兵法·五名五恭

这一篇在竹简上其实是《五名》和《五恭》两篇，因为风格相近所以放在一起说。

孙膑敌军将军队分成了五个类型，一曰威强，二曰轩骄，三曰刚至，四曰助忌，五曰重柔。具体讲述了两军对垒时，对待不同敌军的相应态度和有效方法。

从原文上来看，还是比较容易理解这五种类型。助忌是贪婪猜忌，重柔是优柔寡断。

第一种是威武强大的军队。遇见这样的敌军，就要先示弱，等待合适的时机再出击。

前面在《十问》中也出现过类似敌强我弱的情况，不同的敌强有不同的对策，但是整体来说先装出屈服的样子迷惑对方。

第二种是骄傲蛮横的敌军，依然是先屈服。骄傲的敌军自然有强大的兵力依靠，可以装出恭敬的样子，先麻痹他们，等待机会出击。

第三种就是刚愎自用的敌军。可以以他们的"想要的结果"诱惑他们，使用诱敌计。

第四种是贪婪又疑心病很重的军队。面对这样的敌军，就要逼迫他们的前锋，让他们的前锋为了杀敌进入到其他的点，然后在敌军两侧虚张声势，让敌军以为对方有很多兵。之后就挖沟筑高垒，让他们没有粮食补给。

最后一种是优柔寡断的敌军。对付这种敌军要不断地试探，试探之前先虚张声势施以恐吓，给敌军误导，然后派一小部分士兵去试探性地攻击，这个时候，敌军优柔寡断，无法作出准确的判断。这个时候，如果敌军选择出动，就攻击敌军。如果敌军选择不出战，就逼退他们。

除了这五种军队类型，孙膑还将军队入境时的表现分成了"谦恭"与"凶暴"。

这两个词代表的是军队入境时对对方的态度，或者说是威慑力，也可以说是两种手段。

这个所谓的谦恭并非平常理解的谦恭的含义，可以理解成温和。

如果五次进入对方国境都表现得很谦恭，那会发生什么情况呢？

第一次进入对方国境，军队正常状态就是攻击的状态，如果上来就对对方表示谦恭，那就失去了正常的状态；

第二次行动时向敌方表示谦卑恭敬，军队无法震慑敌方就无法从敌方得到粮食补给；

如果第三次行动时依然向敌方表现出谦卑恭敬，军队可能受到敌国的迷惑，失去作战机会，从而导致作战失利；

等到第四次行动时向敌方表现出谦卑恭敬，军队可能被敌军攻打，得不到食物与草料而挨饿；

第五次进攻向敌方表现出谦卑恭敬，军队进攻时依然保持温和的态度，那就无法完成任务了。

通过这五次入境态度来看，过于谦卑恭敬并不是一件好事，对己方军队的影响比较大。

那么，如果是用比较凶暴的态度入境会是怎么样的呢？

一进入对方国境就表现得十分凶暴，展现自己军队的威慑力，那么该国人因为惧怕定会小心地把你当作外来客；

第二次行动继续表现得很凶暴，这样的态度就会引得该国人心惶惶，人民哗然纷乱；

第三次行动表现凶暴，就会引起该国百姓恐惧；

但是到第四次行动还是表现得很凶暴，那在这个国家就不会得到好处，国民因为极其恐惧，己方就只能得到欺诈了；

第五次进攻时表现得十分凶暴，就会引起对方的反弹，军队就会受到损耗了。

所以"谦恭"与"凶暴"的态度要按照情况来使用，也可以交替使用，灵活转变态度，才能达到势不可当的威力。

这一篇的战术很有针对性，将各种情况说明。

《孙膑兵法》说了很多作战胜利的情况，那么如果己方作战失败，又是因为什么呢？

三、孙膑兵法·兵失

导致作战失败的因素有很多，失败的结果也有很多的类型。

第一类是自己明明占有优势，但还是失败了，有这么几种情况：

1. 有坚固的防御，但是己方军队还是受挫，是因为敌军使用了更锋利的武器，对方更强。

2. 将领善于作战，也懂得利用地形，但是军队还是总陷入困境，那是因为将领不明白只有国家强盛，用兵才会取胜的道理。

3. 将领有很多的兵力，却没有战功，因为将领没有把握到时机。

第二类失败的因素与民心有关：

1. 想用对方不接受的东西去纠正对方国的习俗，不能得到对方国的民心，自然不会胜利。

2. 不能认识到错误，就会失去民心。

3. 如果将领的行动不合民心，就无法避免大的灾祸。

第三类就是己方本身的失败元素了：

1. 用自己的短处或者本国就缺少的东西，去攻打敌国的长处或者富有的东西，那肯定会很快失败。

2. 不懂得集中兵力去作战，就不会立大功。

3. 要保持稳定的心性，轻信而多疑就会造成将领经常后悔自己的决策。

4. 将领不能预测战役是胜利还是灾祸，是因为他没有做好战前准备。

5. 将领自己素质的问题。如果将领看见对自己有优势就松懈下来，等到真正有利时机到来的时候又犹犹豫豫，哪怕最后摆脱了不利的情况，然而不能稳定军心，那么就只能走向灭亡了。

真正走向兴盛的道路是，保持廉洁，保持恭谨，即使弱小但是也能图强，即使性格软弱但是行动上也能刚强！

这篇原文里就提到了"行起道"，就是走兴盛的道路。这里提到的"道"，也与前面所提到过的道学有关系。

整体来说这一章主要用反面例子来说将领在指挥作战时，应该防止哪些错误。

接下来孙膑便分别从《将义》《将德》《将败》《将失》叙述了为将之道。

前两者从将领的优点说，后两者是从将领的缺点来叙说的。

因内容都与将领有关，所以将四篇合在一起说。

作为一个合格的将领，首要的条件就是要公正，就好像人必须要有头一样，将领不公正的话，厚此薄彼，就不可能严格治军，在士兵中就没有威信，那么士兵又怎么可能拼死效命呢？

作为一个合格将领，其中心思想就是仁爱，就像人必须要有心一样，一个仁爱的军队才有打胜仗的能力。

而施恩是一个合格将领的手段，这就和人的手一样，不施恩德的将领就没有能力，也无法将全军的威力发挥出来。

而信用是将领用兵的支点，就像人要有足才能站立一样。如果一个将领不讲信用，那就不会有士兵听他的命令，他的命令无法贯彻下去，士兵也就无法集中统一，也不会有好的纪律。

将领在对待士兵的时候，要像对小孩子那样去爱护，爱兵如子，而再作战时，使用士兵就像使用泥土草芥一样，为了作战胜利，不惜牺牲士兵。

奖赏士兵与惩罚士兵都要全面及时地兑现，不要超过当日，对待所有人都一样，不因人而异。

自己与敌军的关系是水火不容的，两方将领不能共生，军队与交战的军队也不能共存。

还要注意即使敌军兵力少也不要轻视他们，也不要害怕对方的威逼，就算作战要结束了，也要像刚开始一样慎重，不要放松警惕。

需要铭记的一点是，军队中只以将领的命令为准，就算是君王的命令在军队里也不能为主，这是将领固定不变的准则。

在这里面有两个小点，一是对并"用之若土芥"，这里就体现了战争的残酷性，也可以看出法家对孙膑的影响。

二是"君令不入军门，将军之恒也"，提出"将在外君命有所不受"的观点，打仗时，很多情况是瞬息万变的，君令也会影响将领的判断。而将在外君命有所不受这个观点是出自《孙子兵法·九变篇》，当初孙武用吴王侍妾做试验，想要斩杀两个美妾，吴王要阻止，孙武就说出了这句话。

在这里，孙膑再次加深这个思想。

一个将领合格所需的素质简单归纳起来就是"公正、仁爱、信用、赏罚分明"，以及自身素质文武双全。

而如果一个将领打败仗则有很多的原因，一共列举了二十种，比方骄傲自大、恋财恋权、反应迟钝、没有信誉、自私暴虐等。

一个将领的问题越多，作战就越容易失败。

而一个将领可能出现的过失也有很多，孙膑在《将失》中一共列举了三十三种指挥上的失误。

其中与士兵有关的几条：任用不曾训练过的百姓去作战，或者让刚刚打完败仗的士兵去打仗，这些是可能导致作战失败的。

还有士兵不听从指挥，不能一直行动，不肯效命，思念家乡，多次受到惊吓，懈怠懒惰，不信任将领，甚至逃跑，这些会导致作战失败。

如果要避免以上这些的话，就需要将领仁爱、赏罚分明，保证士兵的心理状态稳定。

而在行军中一些问题也会导致作战失败。道路难行造成士兵困苦，修筑坚固的堡垒造成士兵过度疲劳，夜中行军，长期露宿，还有用不适合的阵形通过峡谷，军队先出发和后出发的士兵不能在阵前会齐集结，都会造成作战失败。

如果要避免以上这些的话，则需要将领做出正确的规划，以及对阵形了解。

而将领在作战中的错误决定更是会导致作战失败。比方军队调动失当，讨论计划时争论不休，偏离主要目的，总是更改军令，将领自己存在侥幸心理、多疑，将领不喜欢别人指出自己的过错，作战的时候分心，任用无能的下级。

如果要避免以上这些的话，就需要将领提高自己的素质，要有自信、谦虚等特质。

而在作战的时候，也会出现失误，比方说只想凭借敌军的士气低落不考虑其他因素，或者是单纯只依靠埋伏或者欺骗去打败敌军，还有作战时过于看重前锋导致后卫空虚，或者是过于看重攻击对方右翼而使左翼空虚，反之亦然，这些都会导致失败。

这些就需要将领的实战经验，切不可纸上谈兵。

这里面还有一个将领的过失，就是他的军队使百姓遭受痛苦，这样也会导致作战失败。

这一点就表现了孙膑以民为本的思想。

所列举的种种错误都是实战之中发生过的，也是一般将领容易触犯的，足以令统率者引以为戒。

四、孙膑兵法·五度九夺

这篇是讲在什么情况下不宜与敌军对抗，容易失败。

作战打仗的时候，有一个重要的原则，相距 50 里就不能相互救援了，距离太远无法赶到，而且容易给敌军钻空子。50 里已经超过行军救援的极限了。

当储备、兵力不如敌军，士兵训练不如敌军的时候就不要和敌军打持久战，不然对己方损失太大。

这些情况都是明显的敌强我弱、实力悬殊的情况，如果贸然交战，失败就会难以避免。将领要懂得衡量这几项，把握好其中的分寸，军队就可以纵横驰骋了。

如果要逼迫敌军的话可以采用下面的几种方法：夺取敌军的粮草、水源，夺取敌军必经渡口、道路或者险要关隘，还有敌军最珍贵的东西。

这些都可以打击敌军，只要抓住敌军的这些要害，就能把敌军置于死地。

五、孙膑兵法·积疏

"积胜疏，盈胜虚，径胜行，疾胜徐，众胜寡，佚胜劳。"

本篇主要阐述积疏、盈虚、径行、疾徐、众寡、佚劳六对矛盾的相互关系。

积有兵力聚积、集中的含义，疏就是兵力分散的含义。

盈则代表满，实力雄厚；虚则是实力薄弱。

径是捷径，行则是大道。

疾是行动迅速，徐是行动迟缓。

众是多的意思，兵力多；寡就是兵力少。

佚是安逸，劳就是疲劳劳累。

这六对矛盾单从字义上就明白，兵力集中比分散好，实力雄厚自然比薄弱强，走捷径要比走大道好，行动迅速胜过缓慢，兵力多比兵力少好，军队在安逸状态下要优于疲劳作战。

但是在实战中，这些都是可以互相转变的。根据实际情况，兵力集中可以转换成兵力分散，走捷径和走大道也可以转变等等。

还要注意的是，作战时千万不要以集中对战集中，如果遇到敌军兵力集中时，就想办法分散他们，集中对分散是正确的做法，同样也不要以分散对战分散。不要以雄厚对战雄厚，如果遇到敌人实力雄厚，就可以设法使其薄弱，正确的做法是以雄厚对薄弱，同样也不要以薄弱对战薄弱。不要以迅速对战迅速，如果敌人行动迅速，就想到办法让他们行动迟缓，这才是正确的，同样不要以迟缓对战迟缓。不要以兵力众多对战兵力众多，如果对方兵力众多，就想办法减少他们的兵力，以兵力众多对战兵力微少才是正确的方法，同样不要以兵力微少对战兵力微少。不要以安逸之兵对战安逸之兵，不要以疲劳之师对战疲劳之师，要用计使其疲劳。

这些矛盾要客观地去分析，判断双方的形势，然后再促使战场形势向对自己有利的一方转化。根据临阵用兵需要，机动灵活地指挥作战才能克敌制胜。

六、孙膑兵法·奇正

这是《孙膑兵法》的最后一篇，奇正是古代兵法中常用的术语。正是指对阵交锋，奇是指设伏掩袭等，可以延伸出正是大众的、正常的，奇则是指特殊的、变化的。

两者相对，出自《易经》，和前面的主客一样，都是指两个方面。

孙膑先从天地间万物开始说。

天地间万事万物变化演进的道理是：物极必反，盛极必衰，朝代的兴衰替代，就如同一年四季的变化交替一般，是正常而必然的现象。

一个国家、一支军队，有胜过别人、能取胜的一面，也有不如别人、不能取胜的一面，就如同金、木、水、火、土五行相生相克一样，有生就有死，世间万物都是一样。

所有人都是这样的，有能做到的，也有不能做到的；所有形式发展也是这样的，有条件具备还有余的，也有条件不足的情形。

因此只要这个阵形能出现，就肯定能被识别，只要能被识别了，就肯定可以被战胜。

所以，圣人能不断取胜是运用万物的长处去制胜万物。用兵作战的人要想取得作战的胜利，是靠阵形相互对抗的。

没有不能战胜的阵形，只是有人不知道用什么样的阵形战胜而已。能够赢得胜利的阵形是什么样的变化，就如同天和地相互遮蔽一样是永无穷尽的。

以阵形取胜的办法也有许多，就是用尽楚、越两地的竹子也是写不完的。

阵形是用其长处去取胜的。用一种阵形的长处去胜过万种阵形，这是不可能的。

所以说，可以给阵形规定一定的式样，但是取胜的阵形却不可能是一成不变的。

因此，善于用兵作战的人，了解敌军的长处，就能知道敌军的短处；了解敌军不足的方面，就能知道敌军优胜的方面。这种人预见胜利，就如同预见日月升降一样准确容易，这种人取胜的效果，就如同用水灭火一样有效。

用阵形对阵形，是常规战法，叫作"正"；不用固定的阵形去对付固定的阵形，是非常规战法，叫做"奇"。

"奇"和"正"的变化是无穷无尽的，关键在于酌情运用，掌握分寸。要按照出奇制胜的原理，运用五行相生相克的规律去制约敌军。

分析掌握敌情清楚准确，就去用相应的取胜阵形，阵形确定自然就会有阵名了。

用和敌军相同的阵形是不能取胜的，所以必须以变异的阵形出奇制胜，由于这个原因，以静制动是出奇，以逸待劳是出奇，以饱对饥是出奇，以安定对动乱是出奇，以多对少是出奇，暴露的行动是正，隐蔽的行动是奇。

出其不意而又不被敌军发觉，就能取胜。

所以说，奇招层出不穷的人，就能超出常人不断取胜。

人如果有一个关节痛，其他所有关节便都不能正常发挥作用，因为所有的关节都属于同一个身体。前锋失败了，后队也就不能发挥作用，因为是同一阵形。

注意后卫不追逐超越前锋，前锋不能阻挡后卫部队。前进要有道路可以出去，后退要有道路可以进入。

赏和罚都没有实行，而众军却肯听令，这是由于这些命令是众军能够执行的。制定出高赏低罚，而众军却不听令，这是由于命令是众军无法执行的。

要让众军处在不利的形势下，仍然拼死前进而毫不后退，这是像孟贲那样的勇士也难以做到的；如果因众军不能做到而责怪他们，那就犹如要让河水倒流一样了。

所以说，用兵作战的人，要按情势处理：军兵得胜，要让他们得到好处；军兵打了败仗，领兵将领要承担责任，代兵受过；军兵疲劳时，要让他们休息；军兵饥饿时，要让他们能吃上饭。这样就能使军兵遇上强敌也不怕死，踩上锋利的刀刃也不会转身后退。

所以说，懂得流水的规律后，就可以做到用流水冲石头去毁掉船只；使用军兵时懂得他们的心理，贯彻军令就如同流水一样畅通无阻了。

本篇阐述了奇正之间具有相互转变的关系，以及如何运用奇正的原则来克敌制胜。但这并没有局限于作战策略的阐述，从事物发展变化的根本原理去探求用兵的规律。说明了战争的结果就是矛盾转化的过程，所谓的用兵之道，就是研究、掌握矛盾转化的规律。

这是《孙膑兵法》中的最后一篇，孙膑从自然界万物运行规律去阐述用兵的道理，也有对之前所有篇章总结的意思。善于因势利导，扬长避短，才能取得胜利。

最后孙膑著成《孙膑兵法》三十篇，他一生的精华与经验全部在其中，只可惜因为战乱，《孙膑兵法》渐渐失传。追溯时间，大概是到东汉末期失传的，因为在《汉书·艺文志》中有"《齐孙子》八十九篇，图四卷"的记录，这里还有《孙膑兵法》的信息，到了《隋书·经籍志》，就不再有《孙膑兵法》的记录了。

但是没有记录不见得就消失了，因为流传的方式里还有口口相传这种方式。但是后来在书中也不再有人提过这部著作。它流失的原因除去战乱这种客观原因，还有一些其他主观原因。首先，秦兵书失传的多与技巧有关，而《孙膑兵法》正是"用兵技巧"这一类的，当时人们觉得这类技巧不能被别人学到，反而阻碍了它的发展。其次，语言风格上过于拗口难懂，很难口口相传。相对于保持完整的《孙子兵法》，《孙膑兵法》就不如《孙子兵法》顺畅好记好懂。

而自《孙膑兵法》被挖掘出来后，相关内容就开始被整理出版，文物出版社曾出版过两个版本，一个是收录三十篇简文，其中明确有"孙子曰"或"威王曰"字样的十五篇合为上编，另外十五篇则合为下编。还有一版收录了十六篇简文。

银雀山汉墓属于楚文化墓葬，这也可能是孙膑晚年到了楚国的旁证，而当时田忌也在楚国，因此颇为可信。

《孙膑兵法》因为才出土时间不长，但是具有极高的军事研究价值，对新时期政治、经济、文化、外交都有重要的借鉴意义。

第八章

缘起与兴亡：兵家圣人哪几位

兵家也是诸子百家之一，是研究军事理论和参与军事活动的学派，也可以说是战略家和军事家的统称，主要特指先秦那个时代。

关于兵家的起源有很多的说法，比较玄幻的一种说法是兵家源于九天玄女，还有人说吕尚是兵家的鼻祖。

一、兵祖吕尚

吕尚就是齐国的开国始祖齐太公，他还有一个大家熟悉的名字，姜太公，字子牙，名尚，他的先祖曾被封在吕（今山东省日照莒县），又以吕为氏，所以又叫吕尚。

约在公元前 11 世纪的某一年，吕尚已经八十岁了，终日在江边钓鱼，实际上是观察时局，碰巧遇见了西伯侯姬昌，两人一见如故，交谈后姬昌认定他是当代难得的贤才，便礼聘他为专管军事的"师"，周师，也有军师的含义。

他辅佐武王灭商，是西周文王、武王、成王三代大王的相国，为西周王朝的建立立下汗马功劳。辅佐朝政期间，他的政治思想和军事谋略对中国古代政治文化和军事文化的形成和发展有着巨大的影响。

因此称他为兵家的鼻祖不为过。

后来也有人认为兵家源自道家或者法家，这种说法也有一定的道理，在《孙膑兵法》中就有"道"与"法"的思想。不过对于兵家的源起大家最认可的一个说法就是兵家始于兵家至圣孙武，而孙武所著的《孙子兵法》是兵家集大成者。

除了孙武《孙子兵法》外，兵家还有许多代表人物和作品，比如吴起《吴子兵法》、孙膑《孙膑兵法》、尉缭《尉缭子》等。

兵家中有许多优秀且有巨大影响的战略家和军事家，其中将四位影响最大的兵家称为兵家四圣。

而大家对兵家四圣各有看法，兵家四圣到底是哪些人也就说法不一了。

最普遍的说法是兵圣孙武、亚圣吴起、计圣孙膑、尉圣尉缭。

而史书上记载的兵圣四家分别是兵圣孙武、谋圣鬼谷子、亚圣吴起、次圣孙膑。

第三种说法是兵祖吕尚、兵圣孙武、亚圣吴起、次圣孙膑。

谋圣鬼谷子与兵祖吕尚在前面都已经介绍过。

第四种说法：兵圣孙武、亚圣吴起、人屠白起、帝师王翦。

二、兵圣孙武

关于孙武，在前面已经有过部分介绍，他与孙膑的关系也曾被大众研究过，下面补充几个小故事。

在公元前 512 年的时候，孙武成为吴国的军师，并将《孙子兵法》献给吴王，此时吴王阖闾派伍子胥与孙武领兵征伐楚国，取得了胜利，吴王本打算顺势进攻楚国首都郢，但是孙武建议："现在时机还不够成熟，军民征战已经很劳民伤财，百姓不得安宁，现在不能攻打郢都。"

吴王听从孙武的建议，到了公元前 508 年，吴国采用孙武"伐交"的战略，策动桐国，使其叛楚。又过了两年，吴王询问孙武与伍子胥两人，"当初你们说不能攻打郢都，现在是不是可以打了？"

孙武回答说："楚国大将子常贪婪，唐国、蔡国都恨他。可以联合这两国，之后伐楚，必然会胜利。"吴王听从他的建议，联合两国一道西进伐楚，来到汉水边上。孙武又提出了"因粮于敌"的策略，就是说从敌军身上获取粮草，这个时候运输比较困难，而且需要征集人民的粮食，对国家也是个重担，如果我们的运输线同样也是敌军的路线，那就吃楚人的粮食，也可以削弱他们的实力。最后，吴军在孙武、伍子胥的指挥下，只经过五次大战，不过十几天工夫，就攻入了楚都郢。

再后来阖闾去世，夫差继位，孙武继续辅佐夫差，扩充军队，训练士兵，吴国的国力得到了提升。

公元前 494 年，越王勾践进攻吴国。夜晚的时候，孙武策划阵形两翼布置了许多假的士兵，点上火把后向越军袭击，越军大败。最后，越王勾践只得向吴屈辱求和，也就出现了"卧薪尝胆"这个成语。

后来在孙武五十多岁的时候，他的好搭档伍子胥被夫差赐剑自刎，伍子胥死后，孙武就不再为吴国出谋划策了。相传他飘然高隐，终老吴国。但是也有说他是被杀死的，在《汉书·刑法志》称："孙、吴、商、白之徒，皆身诛戮于前，而功灭亡于后。"就是把孙武与吴起、商鞅、白起放在一起，这几人的结果都不太好，所以推测孙武在伍子胥被杀死之后，也受到牵连遭遇不幸。不过这个说法在《史记》上并没有记载，也没有其他的出处，所以存疑。

孙武和他的《孙子兵法》军事理论并非不是没有缺点，但是也远远超出了同时代著作，深深影响着后世，被古今中外的军事家所推崇。

兵家至圣名不虚传！

三、亚圣吴起

吴起就是被魏国放弃的一个重量级人才，前面也多几处介绍过他，是法家代表人物、兵家代表人物，后世把他和孙子连称"孙吴"，所写的《吴子》《孙子》合称《孙吴兵法》，同样流芳百世。

战国初期，吴起在魏国担任西河郡守的时候，他"曾与诸侯大战七十六，全胜六十四"，"辟土四面，拓地千里"。魏国的霸主地位就有吴起的功劳。

特别是公元前389年的阴晋之战，吴起指挥5万魏军，击败了秦军50万人，是一场中国战争史上以少胜多的著名战役。

当时秦惠公调集超过50万秦人在魏国阴晋城外布下营垒。而魏国吴起只带了5万名没有立过功的人作为步兵，并加派战车500乘、骑兵3000人，形势危急。

吴起通过情报判断出秦军的士兵实际上都是普通农民，只是看起来声势浩大，实际上兵力虚弱，因此吴起打算率军一战击溃秦军。吴起发布命令说："无论车兵、骑兵、步兵都应当跟我一起去同敌作战！"

为什么吴起敢以少胜多呢？因为魏军武卒就是吴起训练出来

的，他们装备精良，又都受过军事训练。

吴起是第一个创立考试选取士卒方法的人。能身着全副甲胄执12石之弩（1石约今30公斤），背负矢50个，荷戈带剑，携三日口粮，在半日内跑完百里者，即可入选为"武卒"，并且免除全家的赋税。吴起治军，主张严刑明赏，他对立上功的士兵给予上等奖赏，还会论功赏赐有功者家人。对死难将士的家属，每年也不会忘记他们，赏赐他们的父母。

所以魏军兵力虽少却全是装备精良的魏武卒，秦国兵虽多但都是简单武装的秦国农民，最终秦军面对强大的魏军无力抵抗。大败而逃。然而，阴晋之战却没有被《史记》及诸多史料所记载，仅在《吴子》一书中所出现，故真实性有争议。

只是后来吴起被魏武侯所疑，后来到了楚国，实施变法，取得了非凡成绩。可是却惹怒了楚国的贵族。

公元前381年，那些人在楚国当时君主楚悼王死后，发起叛乱攻击吴起。吴起当时想了个办法，他跑到楚悼王尸体旁哭泣，这样的话，那些作乱者就会有顾虑，若是射他就必然会射中楚悼王，那他们就是谋反的罪人。结果吴起错误地估计了这些人的忠诚度，吴起最后还是被射杀了，后来继位的楚肃王派人杀了因射刺吴起而同时射刺中了悼王尸体的人。被诛灭宗族的有七十多家。

吴起在政治改革和军事战争方面有很丰富的经验，他后来将这些经验著成《吴子》，又称《吴子兵法》，《汉书·艺文志》著录《吴起》48篇，已佚，仅有六篇，包括图国、料敌、治兵、论将、应变、励士这些篇目。

其主要谋略思想是"内修文德，外治武备"。他一方面强调，必须在国家和军队内部实现协调和统一，才能对外用兵，提出国家如有"四不和"，就不能出兵打仗；另一方面强调必须加强国家的军事力量。

吴起是继孙武之后，既善于用兵同时又具有高深的军事理论的第一人。同时，他治军严明，能与士卒同甘共苦，又深得部众之心。宋代将《吴子兵法》列入《武经七书》中。

吴子是我国古代的思想家、教育家、启蒙家、军事家，其思想影响我国千年之久。

他被称为亚圣当之无愧。

四、尉圣尉缭

尉缭是魏国人，可以说也是魏国流失的人才之一，也是一名兵家代表人物。他生卒年不详，不知姓，只知道他名缭，还是到了公元前237年，他到了秦国，被任命国尉后，改称尉缭。

第八章 缘起与兴亡：兵家圣人哪几位

尉缭一到秦国，就向秦王献上一计，他说："现在秦国非常强大，那些诸侯国就好像是小郡，但是这样的局势让我担心他们'合纵'，如果他们联合起来了，这就好比被韩、赵、魏联手攻灭的贵族智伯，被越王勾践所杀的吴王夫差，还有被燕、赵、魏、秦联手杀死的齐闵王。我建议大王可以去贿赂各国的权臣，让他们无法团结起来，这样虽然损失了金子，但是可以消灭那些小诸侯国。"这话说到秦王心坎里，觉得这人不简单，便对他十分恩宠，每次见到他也都很谦卑。

但是尉缭懂得面相，他看出秦王实际的性格十分刚烈，有求于人的时候十分诚恳，但是如果被冒犯了就会特别残暴。尉缭觉得秦王欠缺照顾天下百姓的仁德之心，因此并不想在秦王手下干活，多次想要离开秦王给他安排的住处。

当时当政的秦王就是所有人都知道的嬴政，《史记》中记载：秦王为人，蜂准、长目、挚鸟膺、豺声，少恩而虎狼心，居约易出人下，得志亦轻食人。意思就是说秦王为人，蜂高鼻头，猛禽胸脯，豺狼声音，缺少仁爱，而有虎狼之心，穷困的时候容易礼下于人，得志的时候也能轻易吃人。

尉缭多次拒绝，甚至蒙恬为他亲自牵马请他回去，尉缭也想要离开。秦王大怒，想要杀尉缭，还是在当时的廷尉李斯的苦求下秦王才放过尉缭，并在李斯的建议下授尉缭国尉之职，尉缭才愿意入秦国为臣。

后来尉缭著书《尉缭子》，将自己的毕生经验与思想写出来。他对当时战争总的看法是：反对杀人越货的非正义战争，支持"诛暴乱、禁不义"的正义战争。关于战争的战略战术，他的看法是：对待战争要有全面的认识，战争有三种胜利方式，有用"道"胜的，有用"威"胜的，有用"力"胜的。道胜是从敌军的角度说，设法促使敌人士气沮丧而内部分化，虽然军队的组织形式完整却不能用来作战。威胜则是对自己士兵审定法制，严明赏罚，改善武器装备，使人人都有应战的决心，有胜利的威慑力。力胜有实力强的意思，就是使用各种攻城器械强攻敌人城邑，以全面的武力优势粉碎敌人防御，占领敌国土地。

尉缭把军事和政治的关系比作植物的躯干和种子的关系，政治是种子，只有种子正常成长才能长成植物，就是只有政治完善才会有更完备更强大的军事体系，反过来军事体系也在保护政治，是解决政治问题的手段。

《尉缭子》作为战国时产生的兵书，它所谈的战略战术等问题，虽然不如孙、吴兵法深刻，但在一系列问题上也有创见。

首先，《尉缭子》提出了以经济为基础的战争观。他说：土地是养民的，城邑是防守土地的，战争是守城的。所以，耕田、守城和战争三者都是王者本务。在这三者当中，虽然以战争为最急，但战争却仰赖农耕。即使万乘之国，也要实行农战相结合的方针。

其次，《尉缭子》也提出了一些有价值的战略战术思想。如主张集中优势兵力，伺机而动。

第三，《尉缭子》的另一重要贡献是提出了一套极富时代特色的军中赏罚条令。《尉缭子》作为古代兵书，不但在军事理论上有所发展，而且保存了战国时期许多重要军事条令，这是为其他兵书所少见的。

《尉缭子》是战国时代的著作，写有 12 篇，最早于 1972 年 4 月出土于山东临沂银雀山的一号、二号汉墓。

事实上，在魏惠王时期还有个叫尉缭的隐士，因同在战国时期，容易混淆。

仅能证明《尉缭子》不是后人所著的伪书，无法证明该书的作者是谁。兵书《尉缭子》，依然无法判断作者是由魏惠王时期的隐士还是秦王赵政时期的国尉所作，史学家众说纷纭。

《尉缭子》所记载的这些军事条令是我们研究先秦军事制度的宝贵材料。

五、人屠白起

白起（不详—前257年），《战国策》里写作公孙起，战国时期秦国人，军事家，秦国名将，兵家代表人物。是自孙武、吴起之后又一个十分有影响力的将领，《千字文》将他与廉颇、李牧、王翦并称为战国四大名将。

白起出生在秦国国力强大的时候，这个时候当政的郡主是秦昭王，他制定了东进击败三晋的战略，以一名善于作战的将领成为秦国当时最需要的人才。当时秦国已经深入实行商鞅变法，实行军功爵制，平民出身的人也可以成为将领。白起在这个时候出现了。

公元前294年，白起领兵攻打韩国，次年韩魏联军攻打秦国，白起为主将，采用先弱后强的战法，多次攻破联军的后方留守军队，最终打败韩魏联军，白起一战成名。后来白起一路升迁，战无不胜。

而白起最有名的一场战役就是长平之战。起因是赵国与秦国争夺上党的土地，引起了秦昭王的不满。当时秦昭襄王根据"远交近攻"的策略，首先攻魏，然后转向韩国。把韩国的上党郡与韩国本土的联系完全截断。韩国不愿意将上党的土地给秦国，便要送给赵国。赵国平原君建议收下上党的土地，到时候派廉颇守城，赵王于是接受了上党的土地。秦国决定出兵攻赵国。

廉颇勇猛善战、爱惜将士，虽然不如白起野战厉害，但是能守城，果然廉颇依靠着有利的地形固守营垒，以逸待劳，疲惫秦军。任凭秦军屡次挑战，赵兵都坚守不出。实际上，秦军远征千里，耗费了粮食，远在他乡，士气上是不如赵国的，两军如果长期相持，秦军费力不讨好，所以廉颇准备以以逸待劳的方式挫杀秦军的士气，然后等待有利时机再出击。但是赵孝成王却认为廉颇胆小，几次派人责备廉颇。

这个时候就被秦国钻了空子，秦国相国范雎派人到赵国散布留言，说廉颇很容易对付，秦国害怕的是赵括，赵孝成王一听，信以为真，不顾蔺相如的阻止，将主将换成赵括。赵括的战略风格就是主动攻击秦军。

秦昭王知道这个消息后就把主将也暗中换成白起，不许走漏消息。等到赵括出兵进攻的时候，白起佯装秦军战败溃退，赵括不问虚实，就命令赵国的军队乘胜追击，一直追到秦军的营垒，但是赵国的军队无法攻破坚固的秦军营垒。

白起命令一支部队突袭到赵军后方，截断其后路，又命一支骑兵部队插入赵军与营垒之间，将赵军主力分割成两只孤立的部队，同时切断赵军的粮道。白起又派出轻装精兵向赵军发动多次攻击，赵军数战不利，被迫就地建造壁垒，转为防御，以待救援。

秦昭王得知赵军主力的粮道被截断，就亲自到河内郡（今河南省沁阳市及附近地区），加封当地百姓爵位一级，并征调全国十五岁以上的青壮年集中到长平战场，拦截赵国的援军和粮运。

这就导致赵兵没有粮草，饿了四十六天，甚至有自相残杀吃人的事情发生，赵括无奈，只能带兵突围，最终被秦军射杀，赵军大败。

白起与部下商议："赵国士兵反复无常，不可信，不全部杀掉，恐怕日后会成为灾乱。"于是使诈，收缴兵器、分散这些人，然后将这些已经投降的赵军坑杀，只留下240个年纪小的士兵回赵国报信。

这一战，白起带着秦军先后斩杀和俘获赵军共45万人，自此赵国元气大伤，再无力抗秦。这件事也是前面所写信陵君窃符救赵的前因。白起担任秦国将领30多年，攻城70余座，歼灭近百万敌军，被封为武安君。

公元前257年，秦国再次发兵攻打赵国都城邯郸，主将是五大夫王陵，王陵攻邯郸不大顺利，增兵后还是没有打赢，这个时候白起刚刚病愈，秦王让白起去攻打邯郸，白起婉拒了："邯郸不容易攻破，而且若是有其他诸侯援救，援兵一天就可以到。况且现在秦国国内空虚，我们的军队远在他国，万一有人攻打秦国，必定能攻破的，因此不可发兵攻打赵国。"

秦王就换了个其他将领去攻打邯郸，可是还是打不下来，伤亡惨重。白起知道后忍不住说："当初大王不听我的，结果这个样子。"秦王大怒，强令白起必须出兵，白起自称病重，就算相国范雎请求，白起也是说生病，并未立即启程。直到三个月后，秦军战败的消息不断从邯郸传来，秦昭襄王更迁怒于白起，命他即刻动身不得逗留。白起只得带病上路，行至杜邮（今陕西省咸阳市任家咀村），秦昭襄王与范雎商议，认为白起迟迟不肯奉命，就算到了邯郸也不会安心作战，一怒之下派使者赐剑命其自刎。

白起拿起剑自刎时，仰天长叹："我没有得罪过老天爷，为何竟落得如此下场？"过了好一会儿，他又说："我本来就该死。长平之战，赵军降卒几十万人，我用欺骗的手段把他们全部活埋了，这就足够死罪了！"说完便自杀了。

另有一说白起抗命不遵原因是：白起深知自己如果再次引兵攻赵，换来的将是赵国全国的抵抗。因为长平之战后赵国深恨白起，所以昭襄王再次攻赵时，白起应该是最不适合当统帅的人选。白起死非其罪，秦人很怜惜他，乡邑地方都建祠祭祀。

白起的作战指挥艺术，代表了战国时期战争发展的水平。白起用兵善于分析敌我形势，然后采取正确的战略战术，对敌人发起毁灭性的进攻。

从白起坑杀四十万余赵军来看，"人屠白起"的称号并不为过。

六、帝师王翦

王翦（生卒年不详），战国时期秦国名将、杰出的军事家。王翦的性格就与白起完全的不同，他一生征战无数，但是并不残暴，勇而多谋，在当时杀戮无度的时代氛围里极为难得。与白起、李牧、廉颇并称战国四大名将。后世尊王翦为琅邪王氏和太原王氏的共同始祖。

当时秦国的相国是范雎，就是被魏国相国魏齐差点儿打死的那个人。王翦为了帮范雎出气，便向秦昭王献计，由昭襄王修书一封，约平原君来函谷关赴宴。平原君是赵武灵王的儿子，战国四公子之一。等到平原君来了之后便将他扣留，告诉赵王，如果不交出魏齐就不释放平原君。原来魏齐从魏国逃到了平原君这里，祈求庇护。

这个时候，长平之战刚过去，赵孝成王惊魂未定，听到秦王如此说，马上派兵围住平原君府，擒拿魏齐。但是魏齐已经逃跑了，他逃到魏信陵君那里，信陵君不敢收留。魏齐走投无路，拔剑自刎。赵孝成王得魏齐之首，马上将人头送过去，秦王才释放了平原君归赵。王翦未费秦国一兵一卒而得魏齐之首，解了相国范雎多年的心头之恨。

到了嬴政为秦王的时候，公元前226年，嬴政与群臣商议灭楚国，王翦认为需要60万人去攻打楚国，李信则认为最多20万人就可以。嬴政听了后认为王翦没有能力，便派李信和蒙恬率兵20万，南下伐楚，楚将项燕以40万楚军应对20万秦军。王翦因此称病辞朝，回归故里。结果秦军攻楚失败，被杀了7个都尉，是为秦灭六国期间少有的败仗之一。

秦王嬴政听到这个消息，大为震怒，亲自乘快车向王翦致歉，并让王翦统领60万大军启程，王翦领命，出征时向秦王要田宅甚多，等到出关前又连续五次要求赐给他田地与宅子，连部下也开始担心会不会太过分，王翦便道："秦王生性多疑，现在我手中有秦国全国士兵，这个时候只有向秦王提很多要求，表明自己除了金钱以外别无他求。免得嬴政担心我拥兵自立。"

等王翦带着士兵到了楚国，他们整整一年不出壁垒，60万士兵都囤积起来休养生息，甚至每天比赛投石以作娱乐。而楚国的士兵只有40万不敢强攻，一年后便按捺不住，正当楚军在往东调动之际，王翦就率兵出击大破楚军，平定楚国。随后王翦又南征百越，取得胜利。

王翦是继白起之后，秦国不可多得的大将之才。公元前221年，秦国兼并了所有的关东六国，统一天下，王翦和蒙恬立的战功最大。

此后，王翦的经历不详，一说他急流勇退，得以善终。

此乃帝师王翦。

再往后还有几种说法，后面还有隐圣黄石公、谋圣张良、兵仙韩信、战神李靖、武圣岳飞、兵宗司马穰苴、兵尊王子成父。

这里面的兵宗司马穰苴，也可以简单说说。

司马穰苴（生卒年不详），又称田穰苴，春秋末期齐国人，是田完（陈完）的后代，也就是说他与孙武、孙膑也是有关系的。他是继姜子牙之后一位承上启下的军事家，因功被封为大司马，子孙后世称司马氏。

司马穰苴要领兵出征，在监军这方面，司马穰苴向齐景公禀告说："我的身份只是一个平民，大王把我选出来当大夫，士兵和百姓不会对我信任的，人卑微，权力也就会受到轻视，希望能派一个大王重视的大臣担任监军。"

齐景公答应了司马穰苴的要求，派宠臣庄贾担此监军。之后司马穰苴和庄贾约定：第二天正午在营门集合出发。

第二天，司马穰苴提前来到军营，与此同时，庄府里热闹非凡。庄贾的朋友听说他要出征，纷纷上门为他送行。庄贾向来骄横，这次，他认为率领的是自己的军队，又是监军，根本就没有把司马穰苴与他约定的时间当回事。于是，就留下前来为他送行的朋友喝起酒来。到了正午，司马穰苴不见庄贾的人影，就叫副将派人去请监军大人。庄贾听了，不屑一顾，并嘲讽说："拿着鸡毛当令箭，我就是晚了又怎么样？"

到了下午，庄贾依然没来，司马穰苴又派人去请庄贾。庄贾只说马上就到，却还是没有来。

而司马穰苴听到有一城池失守，准备亲自到庄府去请庄贾，这时，庄贾从马车上下来，晃晃悠悠进了军营大门。司马穰苴疾步上前，指责庄贾为何不按约定的时间来军营。庄贾却笑嘻嘻地说和朋友喝酒所以晚了。

司马穰苴再也忍不住心中的怒气："监军大人，你可知道，将领在接受命令的那一天，就应该忘掉自己的家庭；到了军队宣布纪律的时候，就应该忘掉自己的父母；拿起鼓槌击鼓作战的时刻，就应该忘掉自己的生命。现在敌军已深入我齐国境内，国家危在旦夕，百姓生灵涂炭，大王也寝食难安。就这几个时辰，我们又丢了一座城池。在这种时候，你作为监军，还说什么送行。"

说到这里，司马穰苴叫来军法官问道："按照军法，将领不按指定时间到军营的，该如何处置？"

军法官回答说："应当斩首。"

庄贾忙派人骑快马去报告齐景公，向齐景公求助。但是还没等到人回来，司马穰苴已把庄贾斩了，并告示三军。三军的将士都吓得发抖。

过了一会儿，齐景公派的使者拿着符节前来赦免庄贾，鞭马急跑来到军营。司马穰苴说："将帅在军队里，对于君王的命令是可以不接受的。有人在军营中鞭马急跑，按律应当斩首。"

使者吓坏了。司马穰苴说道："君王的使者是不可以处死的。"于是就斩了使者的随从，砍断了车厢左边的一根木头，并告示三军。然后让使者回去汇报，军队开始出发。

之后军中士兵没有人再敢违反军令。

而田氏家族的势力在齐国日益发展，引起其他人的不满。

一天，齐景公在宫中饮酒取乐，意犹未尽，便带着随从来到相国晏婴的家里，要夜饮一番，被晏婴规劝拒绝了。

齐景公离开晏婴的府第，又来到司马穰苴家。

司马穰苴听说齐景公深夜造访，忙穿上戎装，以为要打仗了，才发现是齐景公要与他喝酒。司马穰苴回答说："陪国君饮酒享乐，君王身边本就有这样的人，这不是大臣的职分，臣不敢从命。"

第二天，晏婴与司马穰苴都上朝进谏，劝齐景公不应该深夜到臣子家饮酒。于是，有人向齐景公进谗言，欲驱逐司马穰苴以削弱田氏势力。

　　齐景公听信了谗言，将司马穰苴辞退了。司马穰苴被贬后，心情忧郁，不久病故。

　　他所著成的《司马法》是现存最古老的军事著作，比孙武的《孙子兵法》出现的时间还要早。也有一种说法是《司马法》出自姜太公之手，而姜太公曾担任周文王的大司马，大司马可以理解为现代的国防部长，那么司马法从字面上解释就是国防部颁发的作战条例，故有周之司马法出自姜太公之说。

　　然而《司马法》流传已两千多年，亡佚很多，现仅残存五篇。但就在这残存的五篇中，保存着春秋前期的一些非常古典的作战原则，有浓郁的贵族色彩，讲军礼的地方甚至超过兵法的部分，对我们研究那个时期的军事思想，提供了重要的资料。

　　即使有众多的关于兵家四圣的说法，也无法撼动孙武与孙膑在军事历史中的地位。在悠长的古代历史长河中，这些优秀的军事家点亮了一盏盏启明灯，引导着后人前进……

附　录

孙膑年谱

约公元前 380 年，孙膑出生于齐国阿、鄄之间，是孙武的后代。

公元前 364 年，魏惠王从安邑迁都大梁，此后魏国也称梁国。

约公元前 363 年以后，孙膑下山去魏国，被庞涓陷害受膑刑。

公元前 359 年，商鞅入秦国，在秦国实行变法。

公元前 357 年，田齐桓公去世，田因齐继位，是为齐威王。

约公元前 356 年左右，孙膑被田忌救回齐国，任田忌的军师。

公元前 354 年，魏惠王率领军队攻打赵国，包围了邯郸。

公元前 353 年，齐威王使田忌救赵，孙膑任军师，围魏救赵成功，此战又称桂陵之战。

公元前 344 年，魏惠王听从商鞅的建议，自称王，率领诸侯朝见周天子，史称逢泽之会。

公元前 343 年，魏国盟友韩国不从魏惠王称王。

公元前 342 年，魏国出兵攻打邻近的韩国。韩国遣使向齐国求救。齐国派田忌、田盼，军师孙膑救韩国，并最终打败魏国，此战又称马陵之战。

公元前 341 年，庞涓自杀，魏国开始衰败。

公元前 334 年，魏惠王和齐威王在徐州会盟，互相承认对方为王，史称"徐州相王"。

公元前 320 年，齐威王去世，享年 59 岁。

约公元前 320 年，孙膑去世。

1972 年，《孙子兵法》《孙膑兵法》出土于山东省临沂市银雀山两座汉墓中，解开孙武和孙膑其人其书的学术疑团。

后 记

闻于天地之间，莫贵于人——《孙膑兵法》。

孙膑坎坷的一生给我们带来了一个个传奇故事，为了更多更好地了解孙膑，自然也要了解他的著作《孙膑兵法》。在前面列举的种种军事家中，只有孙膑一人在年轻的时候受到了几乎灭顶性的打击。但是他没有向命运低头，凭借自己的智谋，开辟出一片天地。

他著写的《孙膑兵法》从当时的战争背景来说，丰富和发展了春秋以来的阵法，对治军和地形都做了论述；从思想上来看，孙膑对待战争的态度是重视与慎重，战而无义，天下无能以固且强者。只有正义的战争才能取得胜利。《孙膑兵法》中的民本思想在当时环境中，虽然有一定的时代特征，但是在战国时期也是珍贵的，他融合了诸子百家的先进思想。之所以说孙膑继承和发展了我国诸多兵家优秀思想，就在于此。

本书中不仅仅讲了孙膑，还有庞涓、淳于髡、驺忌子、田忌、吴起、白起等历史人物。从他们身上我们会看到嫉妒、机敏、争权夺利等人性。不论是对自我提升还是工作，我们都要从中引以为鉴。

本书也讲了孙膑当时所处的环境，魏国由老牌霸主变成了二流强国，这不单单是因为兵力不足，更多的是因为人才的流失。

习近平总书记指出，中华优秀传统文化是我们最深厚的文化软实力，也是中国特色社会主义根植的文化沃土。

正是在这一背景下，《孙膑兵法》引起了大家的关注，可以在商业、政治、外交中广泛地学习和应用。

孙膑在军事学术上做出的伟大贡献将永远被后世所铭记。我们应当继承这一珍贵的文化遗产，让它在社会主义建设事业中发出更加灿烂的光辉。